Noctifer , Le porteur de nuit

Noctifer , Le porteur de nuit

Noctifer

Le porteur de nuit

Books on Demand

Noctifer , Le porteur de nuit

© 2014, Joël Gissy

Edition : BoD - Books on Demand
12/14 rond-point des Champs Elysées, 75008 Paris
Imprimé par Books on Demand GmbH, Norderstedt, Allemagne
ISBN : 9782322011339
Dépôt légal : novembre 2014

Noctifer , Le porteur de nuit

Noctifer

Le porteur de nuit

Ouverture

Je viendrai à vous les bras chargés de trésors
Des abîmes obscurs aux limbes de lumière.
Et avec de l'esprit la subtile matière,
Nous irons bâtissant, tel un jardin des sorts,

Le labyrinthe de notre quête idéale.
Et pour finir, frileusement nous descendrons
Par un chemin boisé parsemé de chardons
Vers les gouffres où toute beauté est fatale,

Ainsi qu'en un palais vaste et voluptueux.
Mais à présent, ô mon hôte, lecteur studieux,
Hésite un instant, s'il te plaît, à pénétrer

En ces lieux où parfois, au hasard de la route,
Le regard miroitant, tu pourrais rencontrer
Un spectre familier qui t'observe… , à l'écoute.

Noctifer , Le porteur de nuit

Le Chant des Profondeurs

I. Manifeste

J'élide un peu de ta beauté, ô Vers, céans,
Quand varie l'ondoyant bleu des verts océans.

II. Le Voyant

Dans la douceur qu'un crépuscule ocre évapore,
-Au printemps qu'encense un parfum acre et suave
Qui diffuse au vert sous-bois comme en une cave
L'intuition de présences que l'air subodore-

D'étranges mouvements naissent dans les broussailles
Dont chante le murmure au clair de lune où filent
Ainsi qu'un coup de vent des va-et-vient qui trillent
Parmi les feuillages, grouillant par les entrailles

D'un terreau noirâtre. O fils de la Nuit, qui brûles,
Marchant sur les pistils futurs des aspérules,
D'accéder aux voluptés pleines d'artifice

Des verrières sculptées de l'antique Avalon,
Le Temple n'est pas loin. Il confine à la lisse
Etendue des grands lacs, au pas d'un rêve long.

Noctifer , Le porteur de nuit

III. Miroir double

Le serpent de la Haine ondule dans nos cœurs
Et déploie sa vaste crête ainsi qu'un cobra.
L'araignée Destruction se nourrit de nos peurs
Qu'une plaie secrète ainsi qu'un vivant filtrat

Lentement sécrète. Et, d'entre tout le bestiaire,
Ménagerie abhorrée, de nos passions sales
Se meut la singerie de la Raison grégaire !
Mais, l'Inspiré seul devine au détour des salles

Brumeuses du sous-sol, parmi de grands miroirs
Où le regard pénètre en d'infinis couloirs
Qu'emplissent les reflets de flambeaux irisés,

Sa Double divine expirant qui lui susurre
Une spirale hantée de desmodontidés
Où nage l'harmonie troublée de sa voix pure.

IV. Le Désir des Nuées

Ouvrez vos vastes bras, ô Portes de la Nuit !
La vie corrompt, hélas ! tout dessein éternel
Ainsi qu'une statue qui s'effrite sans bruit.
Mais à l'entrée d'un portique spirituel,

Noctifer , Le porteur de nuit

Je vois une contrée pleine d'obscure extase
Où tout parle à l'âme un langage familier.
Loin de ce désert où le destin nous écrase
Sous le sable amer du funeste sablier,

Là, l'essence inaltérée des grandeurs secrètes
Se meut transfigurée, parmi les fleurs de crêtes
D'un Eden fastueux fait de verre et de prismes

Où reluit l'Avalon des antiques légendes.
Amis, avalons la liqueur des spiritismes,
Et dissipons-nous aux confins de vertes landes !

V.

Je crois aux dieux féconds des mers originelles
Régnant sur les palais de cités éternelles
Et vois au fond des flots de vastes sanctuaires
Dentelés de coraux, des rivages qui plongent

Parmi les blancs récifs et les tertres qui songent
Dans l'immensité bleue de gouffres somptuaires
En un monde abyssal plus ténébreux et vague
Qu'une fosse océane. Et maint flasque géant

Dans ce visqueux éther ondule fainéant,
Sombre et tentaculaire, or que son ventre élague
Des jardins suspendus comme des cathédrales,
Tandis que dans la nuit scintillent les yeux pâles

Noctifer, Le porteur de nuit

Des calamars craintifs. Mais l'austère musique
De ce chaos immonde a d'étranges merveilles
Dont chaque bulle blonde éclot dans les oreilles
De quelque vieux démon, *physeter* fantastique

Qui gronde certain soir. Et ce chant de sirène
En mon esprit résonne et charme mes pensées,
Comme si quelquefois des profondeurs glacées
Montait l'appel d'une Vénus anadyomène.

VI. Clartés souterraines

Dans les caveaux obscurs au cœur d'un mont puissant
Qu'emplissent les ardeurs de l'éruption qui vient,
Sombre un vide onirique et antédiluvien
Qu'une lueur vivante anime en palpitant ;

Une faille insondable aux grandioses contrées
Où nage un peuple évanescent de Salamandres,
Ainsi que des esprits bleutés parmi les cendres
D'un arc-en-ciel incandescent évaporées.

Et tandis que la terre agonise en râlant,
D'un monstre immémorial le divin grondement
Déverse en éructant de flamboyants joyaux

Noctifer , Le porteur de nuit

Que dispense en l'air sa généreuse fureur,
Gage de l'ineffable et terrible splendeur
Où descend le tourbillon des cieux infernaux.

VII. Dissociation

Animal ténébreux favori du Serpent,
Car ce *vampyr* affreux t'a mordu de sa lame,
Il se fit un divorce entre l'homme et son âme.
Quand l'Humanité, noble et vigoureuse enfant,

Sous les tièdes langueurs d'un généreux soleil,
Goûtait aux voluptés de l'antique innocence
Que sous les traits d'une troublante adolescence
Le divin Polyclès surprit dans son sommeil,

Alors l'idéal était beau ! Qui nous rendra,
A travers les siècles, qui ressuscitera,
Les florissants piliers de ces temples bachiques

Que seul a conservés vivants par la sculpture
Le souvenir sublimé des forêts tragiques
Où s'ébattaient les ægypans dans la verdure.

Noctifer , Le porteur de nuit

VIII. Les Ames de chair

Souvent, quand vient le soir aux funèbres attraits,
Que j'aime aux ardeurs du crépuscule à venir,
Parcourant les bosquets, myrtes du souvenir,
Abriter mes pensées en vos temples secrets !

Je devine dans la touffeur de vos parfums
Les longues voluptés de cités disparues.
Et je vois sous un soleil rafraîchi d'embruns,
Des colonnes sculptées, des marbres et des rues,

Dans un nimbe écarlate aux paillettes vermeilles.
Comme vaporisés d'un pythique Omphalos,
Sous mes yeux se déploient les antiques merveilles
De l'Atlantide, et d'Ur, et d'Hékatompylos,

Une baie somptueuse où nagent des trirèmes
Ainsi que d'éclatants coquillages de nacre,
Un archipel doré, et des grottes de gemmes
Aux ruisseaux souterrains où flotte l'essence acre

D'encens inconnus. Or qu'un éternel printemps
Eclot en mille fleurs aux couleurs irréelles
Qui diffusent dans l'air des baumes déroutants,
Une lyre élégiaque en pluies surnaturelles

Noctifer , Le porteur de nuit

Confond sa mélopée aux soupirs de l'écume
Qui se meurt sur la plage épuisée de caresses.
Pâmée près d'un rocher, la Mère des paresses,
L'indicible Aphrodite à la bouche d'agrume,

Roule de ses cheveux le voile énigmatique
D'où retombent des lys que son pied blanc refoule.
Ondins adolescents et naïades en foule
Surgissent de la mer immense et magmatique,

Tandis qu'aux derniers feux du vieil astre couchant,
Où monte harmonieux et fort ainsi qu'un chant
Un écho de tempête au large déchaîné,
Un char grandiose irise le ciel déchiré.

Mais le joyeux cortège éclatant de santé,
Jeunesse surhumaine d'un temps révolu,
Sans ciller s'estompe dans le noir absolu
De la tombe, aux sources verdâtres du Léthé

Remontant des siècles obscurs en un éclair,
Où jadis vinrent au jour ces spectres de chair.

Noctifer , Le porteur de nuit

IX. Dans le noir

Je pense à toi, et me souviens!-
Quand arrive l'heure incertaine
Où des crépuscules anciens
S'épanche la rouge fontaine

Sur le noir bosquet qui s'endort,
Et telle une ombre sans effort
La Nuit établit son empire.
Et je nous vois sur un navire,

Partant vers une île exotique.
Nous serons un double voilier
Voguant sous un ciel extatique
Où la lune ne meurt jamais

Dans le sombre azur déployé.
Aux édens perdus où j'aimais
A rêver aux temps primitifs,
Parmi les cris d'oiseaux plaintifs,

Dont la voix est rauque et narquoise,
Et les soupirs de l'océan,
Nous nagerons dans l'eau turquoise
Sur un abîme miroitant.

Noctifer , Le porteur de nuit

Au sein de forêt luxuriante
Qu'irise une ardeur tamisée,
Tu paraîtras comme une fée
Dans une aurore verdoyante,

Et nous découvrirons accorts,
O toi mon âme, ma patrie,
Le paradis de ton beau corps.
Notre épithalame en partie

Sourdra des gosiers visqueux,
Amers et froids et variqueux,
Des crapauds-buffles du marais.
Et comme surgis des varechs

D'une baie septentrionale,
Les monstres des flots inquiétants
Remonteront du fond des temps
Frapper de leur ombre fatale

De nos pas la brûlante piste.
Vois, mon aimée, le ciel est large!
Nous ne sentirons plus la charge
De cet ennui qui nous attriste.

Et nous vivrons dans la mollesse,
De cocos et de crustacés;
Nos deux noms seront effacés
Par l'écume, ô blanche caresse.

Noctifer , Le porteur de nuit

Sans doute en une ultime étreinte,
Ivres d'espace et de clarté,
Plongerons-nous sans une plainte
Dans une mer de volupté.

X. Fantaisie nocturne

Au moment de la nuit où la sylve a des yeux,
Or qu'à l'épuisement s'enrhument les babils
Des courlis ainsi que des sylphes silencieux,
Quand les saules pleureurs écument de leurs cils

La vase du marais qui s'endort et pétune
Un nuage estompé par le flambant reflet
Des feux follets mêlés aux rayons de la lune,
Mon souffle est prêt de s'éteindre et mon cœur se tait

Comme pour vibrer au chant des chouettes chevêches.
Alors, des constellations d'ondines revêches
Embrasent leurs auras de sinople éclatant

Noctifer , Le porteur de nuit

Dont la chandelle ubuesque expire en grésillant
Tel un prisme ardent à chaque fois que la brise
Tourne la feuille argent des aulnes qu'elle irise.

XI. La Mort physique

J'habite quelquefois une morne masure
Bordée de hauts sapins au coin d'une clairière.
Tout près stagne un étang, ou est-ce une rivière ?
Aux berges embourbées. On pêche le silure.
Des monstres somnolents, au corps lisse et noirâtre,
Se meuvent avec lenteur tels de grands mollusques
Et en masse inquiétante, chimères étrusques,
Affleurent par milliers de ce marais saumâtre.
C'est un chalet bizarre à forme danubienne,
Avec une terrasse accueillante et rustique,
Une table de ferme, une horloge d'ébène,

Noctifer , Le porteur de nuit

Et puis une mansarde où le plancher s'élève
En un dédale obscur de mine fantastique
Où l'on accède à toutes les contrées du rêve.
Mais dans une remise, à l'entrée du grenier,
Parmi tout un fouillis suranné de brocante
Qu'éclaire un lampadaire du siècle dernier,
Inexplicablement, diffuse et émouvante,
Flotte ainsi qu'une ambiance une onde d'épouvante,
Semblable à celle que doit sentir un voleur
Un soir frileux qu'il cambriole sans pudeur
De vieilles personnes qui dorment à côté.
Ai-je dans mon sommeil, sans le vouloir peut-être,
Profané les secrets d'un temple d'Astarté ?
Existe-t-il ailleurs, en un monde onirique,
Des couloirs invisibles où l'esprit pénètre
Dans une atmosphère limpide et vampirique,
Et des dieux inquiétants clapotent dans la fange ?
Je ne sais pas quand m'est venu ce songe étrange,
Mais je suis convaincu que j'y retournerai,
Et sans doute n'en reviendrai-je plus. Qui sait ?

XII.

O gloire des succès passés, prestige, éclat,
Que de luxe et de pompe en vos miroirs ternis!
A la blême lueur des abat-jour verdis,
Que j'aime imaginer qu'un nébuleux méplat,

Noctifer , Le porteur de nuit

En un marais opaque où se pâme un lotus,
Brouille l'onde du Temps ainsi qu'un cercle d'eau
Dans un bouillonnement. Et cette fleur, bien plus!
Qui flotte et se déploie comme un gracieux radeau,

Sur son îlot d'écume qu'une brise chasse
Au rythme de ce Gange à la lisse surface,
M'invite au souvenir et m'emporte en esprit

Au large d'archipels aux rivages amers.
Et quand mon âme échoue, déjà aux sables clairs
Elle trouve un galion dont la coque pourrit.

XIII. Rassemblement de mouettes

Sur un port sétois hurlant d'oiseaux nasillards
Ainsi qu'un peuple désordonné de voilures,
C'est un plaisir intense aux abîmes blafards
Dont la profondeur vague évoque les peintures

D'un artiste de plage aux mains brûlées de sel,
Que de rêver parmi ces temples du voyage
A des contrées sans âge au rivage pastel.
Alors, tandis que l'ombre de mon esprit nage

En des limbes sablés de sphères prismatiques,
Où l'air du large abonde au soir montant des criques,
Une silhouette au contour d'aérolithe,

Noctifer , Le porteur de nuit

Ecumant en mille gerbes de lueur sombre,
Replonge ainsi qu'un étincelant monolithe
Au milieu d'un nuage aux phosphores sans nombre.

XIV. Engloutissement

En ces fonds insondés qu'aucun soleil jamais
N'éclaira de son œil plaintif et nébuleux,
Où pensent dans le noir des êtres globuleux,
J'ai sombré quelquefois, sans savoir où j'allais,

Par delà des gouffres où le tympan éclate
Ainsi qu'un tympanon au soupir écarlate.
Plus profond que les spires aux portes d'airain
Qu'enfreignent des griffons au masque léonin,

Règnent parmi les limbes de sables mouvants
Les prêtresses sans nom qui prient : *-Nh'ghatef ouloulpe,*
Sœurs thespiennes qui sont des blasphèmes vivants
Et font en s'immergeant de sourds hoquets de poulpe

Que lovent à force de ces très-vieux mots goths,
Dont les tons féroces semblent se souvenir,
Le râle et les *Y-ah* d'anémiques shoggoths
Qui rêvent entre le passé et l'avenir.

Noctifer , Le porteur de nuit

Car aussi, les félins au front de bas-relief
Nageaient dans l'air poudreux, semblables au puissant,
Mais plus subtil encor, *Mothman* de Point Pleasant,
Oiseau de foudre indien qu'on vit non loin de Kiev !

XV. Les Toucans de l'Horreur

En quelque comble du Néant,
Leur œil rond et nocturne veille
Sur l'abîme sombre et béant,
Narguant la crique qui sommeille.

Recroquevillés et croisant
Comme en un rictus cancanier
Leurs becs hideux, et croassant
A la touque d'un boucanier

Par leurs ongles longs agrippés,
Les toucans croqueurs de chair crue
De mes intestins extirpés
S'arrachent l'écarlate crue

Dans le bruit moqueur et touffu
De leurs plumages bariolés.
L'hameçon sans cesse à l'affût
De leurs crochets vitriolés

Noctifer , Le porteur de nuit

Bave sur le pont du radeau
Où grouillent, grimaçant des cris,
En folle foule les rats d'eau
Qui font des plongeons engourdis

En crispant leur face de teigne !
C'est que ce perroquet bizarre
Dont le croc toujours suinte et saigne,
Orgueilleux, se tient à la barre,

Mâchant un flegme invétéré,
Capitaine de carnaval
De ce galion enténébré,
Vague, statique et anormal,

Dont le vent souffle les falots
Qui se balancent et se choquent
Dans un tintement de grelots
Tandis que mes poumons suffoquent.

XVI. Natures perdues

Quand l'orage a passé sur la forêt tranquille
Et qu'un calme inquiet règne après les ouragans,
Puis juste au soir du déluge, étrangers d'une île
S'élèvent soudain les cris des orangs-outans

Noctifer , Le porteur de nuit

Qui encor cherchent refuge entre les meneaux
D'une cathédrale enlacée de vertes lianes
Dont les vivants enchevêtrements végétaux
Dans le jour soudain semblent des vitraux diaphanes,

Je songe à l'opulence qu'Adam respira,
Aux jardins du Nil, aux lotus du Sahara,
Aux marais pluvieux de la luxuriante Asie,

Aux déserts qu'une asphyxie solaire a taris ;
Qu'au temps de sa grandeur, la Mésopotamie
Fleurissait ainsi qu'une insouciante oasis.

XVII. Regrets

J'ai renoncé, j'ai bafoué l'Amour, j'ai ri,
Je suis resté aveugle aux souverains mystères
Et j'ai baigné mon âme aux gouffres délétères.
Mais malgré le néant de mon souffle appauvri,

Tombe profane où naguère éclatait le cri
D'un cadavre en vie parmi d'humains cimetières,
Que rongent en secret d'insensibles ulcères,
Tout espoir n'est pas mort en ce vieux cœur aigri !

Grands bois, je regrette vos rêveries sauvages,
Lorsqu'empli de légende aux sylvestres parages
Et plein de passion nostalgique à perdre haleine,
J'allais cueillir l'automne, aux soirs de lune pleine.

Noctifer , Le porteur de nuit

XVIII. Tripalium

L'Oubli, cette inaccessible illusion des saints,
Semble à ma conscience un chevalet de torture
Qui se referme sans cesse et que l'imposture
Avive en frémissant de ses crocs souverains.

C'est une bête hargneuse, avide ongle de l'Hydre,
Dont me poursuit –et toujours referme sa gueule,
Râlant avec le bruit d'un grognement de meule-
Le battement lugubre ainsi qu'une clepsydre.

Voici le Monstre dévorateur et funèbre
Qui mange mon esprit dans un élan de fièvre
Que la tristesse ébranle au milieu de la nuit ;

Ou comme un bon veilleur que le sommeil rattrape,
Le vieux Démon nous traque et fait claquer sa trappe
Tandis qu'on voit au loin la Muse qui s'enfuit.

XIX. L'Etendard de l'Artiste

Il s'enfle, spectre vague, orange sur la neige;
Un feu de bois bouillonne et crépite follet.
Tel un fanion doré qui danse le ballet,
Tandis que goutte à goutte égrenant leur arpège

Noctifer , Le porteur de nuit

Les froides stalactites fondent lentement,
Gracieux des longs hivers aux réseaux cristallins,
La flamme oscille au vent et crache en sifflotant
La sève parfumée des branches de sapins

Dont la sève flatule ainsi que de l'écume.
Dévorant de mes yeux la fée qui se consume,
La sylvestre harmonie où mon âme s'absorbe,
Je fais craquer parfois sur mes dents une sorbe.

-C'est l'étendard de la Bohème,
Celle qui fut toujours la même,
Que l'aube aux croix des chemins sème,
Celle où on vit, on meurt, on aime !

Il s'enfle, hurle, gémit, le feu de bois qui saigne
De nos cœurs frémissants, toutes les plaies ouvertes
Tandis que dans la brume des profondeurs vertes
Pétille un monde obscur et sauvage qu'il baigne;

Il s'embrase et frémit, léger comme une brise
Sur la vierge blancheur que son flambeau irise,
Etoile échue du ciel des compagnons errants
Sur une mer de glace aux rivages absents.

O flamme vagabonde en ton creuset d'argent,
Nuée de cendre blonde ainsi qu'un encensoir,
Je compare mon âme à ton nimbe changeant
Quand sur mon front s'abat le vent du désespoir.

Noctifer , Le porteur de nuit

XX. L'Ile à la Maison Dieu

Les rêves sont le jeu d'un antique tarot
Où, vivants hiéroglyphes d'un prêtre de Thot,
Vaticinent dans l'ombre d'étranges figures.
Alors l'esprit parmi ses fantômes profanes
Voit monter devant lui de tangibles arcanes,

Accomplissant lui-même, inquiétants augures,
Les tours de Fortune et l'assassine moisson
Sous son capuchon noir- Baphomet à toison
Tel un Ouroboros s'injectant son poison,
Maison Dieu, bateleur qui parfois se renversent.

Et dans cette Babel que l'incendie ravage,
La Papesse et le Diable en personne conversent,
Avec des fronts affreux contemplant le carnage
Tandis que l'inspiré, pour échapper aux flammes
Du fort décapité, se jette dans les douves

De l'îlot tournoyant, offrant pâture aux louves
Qui rodent alentour. Mais de toutes les femmes,
Couronnée de saphirs et sonnant l'homélie,
Majestueuse et tendre, la douce Uranie
Se dresse, Impératrice dans l'onde aplanie.

Noctifer , Le porteur de nuit

Parmi tous ces monstres, un spectre détestable
Dont la tête carrée pivote en sens inverse
Du donjon carrelé comme un damier de Perse,
Rigide et cartonneux, alors qu'il pleut à verse,
Me tient en échec dans cette cour instable:

Je hais la symétrie autant que le hasard,
Et cette sentinelle imitait tous mes gestes.
C'était une poursuite aux dédales funestes-
Incontestablement, ce faciès hagard
M'aurait tué dans mon sommeil d'un seul regard.

XXI. L'Immanence réversible

Les prophètes pygmées de l'Ile aborigène
Avaient conçu ce monde, écho des litanies
Qu'un pâle envahisseur autrefois a bannies,
Sous la forme ovoïde d'un temple indigène.

Jusqu'en ces sables noirs soufflés de la Géhenne,
Sur les plages de cendre, aux contrées aplanies
Où la divinité aux superbes manies
A roulé chaque éclat, en un globe homogène,

De son unicité fascinante et semblable,
Je vois se reproduire -antique saint des saints
D'un *stûpa* qui pointe aux cieux indonésiens

Noctifer , Le porteur de nuit

Ses galbes suspendus sous un soleil aimable-
Ces cloches qui referment chacune un Bouddha
Et inspirent mon âme ainsi qu'un mandala.

XXII. Au parc

Quand vient le soir après les journées difficiles,
Accablé par le poids des voluptés faciles,

Notre esprit quelquefois vole vers les hauteurs,
Projetant sur le ciel les mirages flatteurs

De l'Idéal. Et l'homme souverain contemple
L'Infini miroitant, battant de son aile ample

Les sphères de l'Oubli. Mais en ces paradis,
O mon âme, combien de fois tu te perdis!

Car la Beauté n'est pas dans ces vaines ardeurs,
Ni ces fées dont l'armoise entrouvre les faveurs

Par de troubles moyens. Et chacun porte en soi
L'angoisse et son inverse, ivresse et désarroi.

Parfois l'humanité, ne sachant plus sa place,
De ses labeurs ingrats et de ses peines lasse,

Noctifer , Le porteur de nuit

Dans un effort soudain à son harnais se blesse,
Comme une chienne avide tirant sur sa laisse.

Ce matin, j'ai vu un oiseau mort sous un arbre,
Le regard noir et creux, le corps roid comme un marbre.-
Le tendre moinillon avait cessé de vivre,
Rougeâtre moignon, lamentable, sur le givre.

Ebouriffé comme une chouette en miniature,
Il eût aisément fait la mignonne pâture

De quelque bête infâme, errant à l'abandon,
Ou le jeu d'un stupide et joyeux avorton!

Immobile et pensif, je me sentis frémir
D'horreur, quand j'entendis un animal gémir.

Le pauvre quadrupède, il avait faim sans doute,
Et attendait son heure au détour de la route,

Espérant déchiqueter et, geignant d'entrain,
Engloutir sans mâcher son sinistre butin.

L'oiseau restait rigide, insensible et poisseux;
Tout séché, maintenant il paraissait osseux.

Ce martyr singulier qu'une vague Ombre agace,
C'est mon corps pétrifié dans un sommeil de glace,

Noctifer , Le porteur de nuit

Lorsqu'empli de douleur, mon triste cœur suffoque
Pour des causes perdues dont la foule se moque.

Je laissai à son sort ce risible cadavre,
Le chien et cet endroit dont l'image me navre,

Et je partis, mains dans les poches, pipe en bouche,
Anéanti, plein d'amertume et l'œil farouche.

XXIII. Miasmes

Dans la ruelle obscure au long d'un mur grisâtre,
Alors que mon esprit vagabondait dans l'ombre,
Il m'a semblé soudain en ce lieu de décombre
Qu'une présence hostile au regard opiniâtre

De sa jettature, ainsi qu'un tison de l'âtre,
M'imprimait la blessure indéchiffrable et sombre.
Je crus voir un soir, la jeune fille qu'encombre
Un ivrogne, le vieux-homme battu tel plâtre

Pour deux sous, la mère coupable à qui l'on vole
Un fils en retard… Un frisson abominable
Courut sur mon échine. Atmosphère minable !-

En ce passage obscène où Lucifer bricole
Je ne sais quoi d'abject, plane un malaise ambiant,
Antichambre infernale, au fond du noir béant.

Noctifer , Le porteur de nuit

XXIV. Sanctuaire

Quand s'ouvrent devant les yeux secrets de mon être
Vers l'Idéal vos vastes nefs, ô cathédrales,
Les siècles font une spirale où je pénètre
Par un portail orné d'acanthes minérales.

Savamment alignées dans un effet d'optique,
Or que clignent vos arcs pleins de tristesse douce,
Je vois se déployer sur un ancien triptyque
Que l'or illumine ainsi que la lune rousse,

Une sombre forêt de chênes séculaires
Qu'une aube vaporeuse éveille en frémissant.
Et puis des chevaliers, en rangées militaires,
Tandis qu'au loin l'olifant lance un cri puissant

Qui transperce la brume en soufflant des tempêtes,
Se dressent, lance à la main, frappant leurs écus !
Et des chants célèbrent les héros invaincus
Aux accords wagnériens d'invisibles trompettes

Qui montent dans les cieux vers le septentrion.
Où, dans l'éclair bleuté d'un orage mystique,
Se débat comme l'aigle un antique griffon
A deux têtes, paraît l'ombre d'un fort gothique,

Noctifer , Le porteur de nuit

Sur le roc vertigineux et alcyonien
Qui plonge dans un lac où nagent des ondines,
Un château fabuleux du temps mérovingien
Suspendu aux fines flèches adamantines

De tourelles rosées dans le matin blafard.
Mais dans la clairière aux roses épanouies,
Tout près de la ténèbre où rodent à l'écart
Des magiciens rusés et des fées éblouies

Par la sainte merveille imminente, voici
Un calice vermeil qu'embrasent mille feux,
Dont le cœur palpite d'un éclat mystérieux
Et répand sa lueur sur le monde obscurci.

XXV. Le Tertre à la Licorne

Or que j'errais par la lande chaste et païenne,
Où fleurissent l'été de frileuses bruyères
Non loin d'une caverne entre deux rivières,
Au pas de son ombre, je contemplais la mienne.

La douce Anna souvent, du fond d'un tertre obscur
Me parla, d'aventure et d'étranges orgies
Au milieu des forêts, de sorts, et de magies
Pour éveiller Dolgthvari, Onar et Bafur,

Noctifer , Le porteur de nuit

Tapis dans les antres de leurs caveaux de pierre
Qui grondent sourdement au centre de la Terre ;
Et aussi d'un corps mort qui revit à Bingen.

C'est un monticule isolé, humide et morne
Où s'épanche un tapis de mousse et de lichen,
Que scelle une dalle gravée d'une licorne.

XXVI. Egarement féerique

En ces boyaux sans voûte aux pierres descellées,
Où par endroits lézardent d'étroits escaliers
Le long de murs brisés aux pans irréguliers,
Trompe-l'œil de portes en secret recelées,

Je sens, lorsque le soir ténébreux et voilé
Recouvre et dissimule ainsi qu'un noir suaire
Le sillon destructeur des climats, enlevé
Par un vent frais et fort, chevauchée séculaire,

Revivre dans mon sang qui palpite, un écho
D'idéal noble et pur des temps chevaleresques
Qu'en mon esprit des trompettes de Jéricho
Font sonner puissamment de leurs accords tudesques.

Noctifer , Le porteur de nuit

Dans la nuit silencieuse où flotte un brouillard lourd,
Une lueur, soudain, dans l'air humide et sourd
S'épand, troublante et mince, telle une ouverture.
Vers la sylve enchantée de gloire et d'aventure,

Je découvre un obscur et tortueux sentier.
-Entendez-vous au loin, chevaliers valeureux,
Qui hurle dans la brume au pas d'un frêne creux,
La sorcière des bois au groin de sanglier ?

Sa face brune halée par un terreau malsain
Se crispe en un rictus affable et pathétique
Pour vous inviter tous à sa fête lubrique :
« Venez, doux paladins, en mon frais souterrain

Qu'embroussaille un rideau chevelu de racines,
Goûter aux voluptés sauvages et divines
De mon corps décharné. »
                            Le tumulte blanchâtre
Des chutes seulement retentit, or qu'un pâtre

Attardé sur la rive aux flots crépusculaires
De sa flûte âpre siffle une ancienne romance.
Un guerrier dormant à son roc recommence
Les mêmes tours sempiternels et solitaires.

Noctifer , Le porteur de nuit

XXVII. Voluptés de l'Ennui

Les longs silences pleins de vacarmes humains
Sont à mon cœur semblables aux mornes éthers
Profonds où se confondent des *stabat maters*
Tout excités encor de viandes et de vins.

O mon âme égarée! souvent tu te souvins
L'union morganatique aux souterrains mystères
D'un chevalier germain qui des carmes austères
Regrettait les larmes, aux rivages latins.

Dans la grotte bleutée aux rosâtres touffeurs
De la belle Vénus parée d'étranges fleurs,
Près des sources luisant aux feux adamantins,

J'entendis quelquefois l'écho d'une taverne,
Les rires, les fracas et les soupirs lointains,
Comme en un rêve obscur de cette autre caverne.

XXVIII. Eclipse

Ceux qui virent au ciel se déchirer deux loups.-
Ténébreuses étoiles des temps révolus,
Vos lueurs béantes sourdent à travers nous
Ainsi que de lourds vers où de vastes lotus

Noctifer , Le porteur de nuit

Fleurissent et portent nos cœurs vers l'Infini.
La lune qui se mire en son reflet d'acanthe
Semble la profondeur de l'espace aplani.
La Nuit, comme une lueur obscurcissante,

Verse quelquefois dans le regard des mortels
Une larme de sa pupille énorme et noire.
C'est une chrysalide en sa robe de moire

Dont résonnent les frais frissonnements charnels,
Loin, loin derrière la paupière endolorie
D'une âme dont la vigilance est endormie.

XXIX. We are such stuff as dreams

Nous sommes de la même étoffe, a dit Shakespeare,
Que le songe, et la vie est un rêve qui dure
Trop semblable alors même que le verbe expire.
-O grand homme, tes chants mythifiaient la nature !

Ainsi qu'un tremblant squelette aux Champs Phlégréens,
Quand j'irai me confondre, âme désincarnée,
En l'immense chaos des flots marmoréens,
J'aimerai revenir, année après année,

Contempler à loisir le monde transitoire
Et sonder de mes orbites sans yeux l'Histoire
Des humains. Tel un fantôme froid philosophe,

Noctifer , Le porteur de nuit

Aux lendemains brumeux du prochain cataclysme
Emergeant du caveau, composer une strophe
Empreinte d'amertume et de dilettantisme.

XXX. Cymbalum Mundi

Je hais les mélopées simiesques et canines,
La précipitation vulgaire et les bavards.
La ville est un Léthé que bordent des cantines
Où s'engouffre une foule aux visages blafards.

Et en tourbillonnant, cette course effrénée
Ne s'accroche qu'à l'entrée des bordels et traîne
Un instant. C'est un amphigouri sans pensée,
Une logorrhée, une rumeur schizophrène.

Le champion plein d'envie de ce vain marathon,
Que couronnent les lauriers du *qu'en dira-t-on*,
Sera-t-il en vie pour voir, à son dernier jour,

Fleurir dans les dédales du flot citadin,
Rempli de bruits, d'éclats fuyants, au carrefour,
Les semailles dorées de son pain quotidien ?

Noctifer , Le porteur de nuit

XXXI. Le Caméléon

Le frisson est préliminaire ;
Le bonheur se conçoit après.
A s'y confondre de trop près,
On risque ainsi qu'un grand mystère

De découvrir ce que l'on sait.
Non qu'il faille occuper son temps
A portraire en vain les passants :
A ce prix le sage se tait.

Soyons toujours à la limite !
J'ai l'impression par mimétisme
Que l'attraction d'un magnétisme
Qui m'environne et qui m'habite

-Comme un caméléon coupable
Imite au flanc d'une colline
Dans le crépuscule, or qu'opine
Un clair-obscur insaisissable,

Le couchant au bord de la mer-
Nourrit l'amour des rêveries
Pour les éons pleins d'élégies,
Malgré la puissance et l'Enfer,

Noctifer , Le porteur de nuit

De l'ambiguïté des frontières.
Je me tiens entre abîme et nue
Où, sur sa margelle ténue,
Le volcan retourne en poussières.

XXXII. Langueurs de l'Automne

A la fin de l'automne où pourrit la nature,
Qui semble éternisé, quand le soir les bouleaux
Tristement font pleurer leurs antiques rameaux,
Je lève parfois mes yeux vers l'architecture

Que déserte des oiseaux le cantique absent,
D'une volière hantée par un mutisme étrange.
Et dans ce morne entourage où rien ne dérange
L'angoisse enragée dont mon amertume sent

Se creuser la vague et funeste léthargie,
Je me fie à la pathétique liturgie
De la saison qui passe et que le vent retient

Comme le dessin d'un palimpseste effacé.
J'entends alors les litanies d'un chant ancien
Etreindre, odeur, teinte et chœur, mon corps enlacé.

Noctifer, Le porteur de nuit

XXXIII. D'un esthète qui s'ignore

Salomé sema le Péché parmi les siens.-
Elle rassemble en elle un dédain monotone
Plein de frayeur gracile aux charmes aériens,
Une beauté farouche que trop rien n'étonne

Et l'air triomphant énigmatique des sphynges.
-Je dirai la majesté de ton blanc téton,
Et je ferai fi de l'habileté des singes
Pour exprimer à loisir, ainsi qu'un chaton

Qui joue et ne s'ennuie jamais de sa pelote,
Les harmonies de ton corsage violacé.
J'inventerai dans toi une exquise marotte.

Comme on respire un secret relent opiacé,
Nous sculpterons un androgyne originel
Dans un mouvement harmonieux et formel.

XXXIV. Rédemption

C'est l'incapacité qui nous rend ironiques
Et nous différencie des poëtes tragiques.
Il me semble parfois que cette mante étreint
Un esprit prisonnier ainsi qu'en un écrin.

Noctifer , Le porteur de nuit

-Mais à ce grand vice je connais un remède:
C'est l'amour charitable, bonté véritable
Qu'il porte comme un Graal dessus la Sainte Table.
Pour sortir du cocon, Dieu me vienne en aide!

Si le fier Lucifuge parfois fait la nique
Aux Anges du Ciel en sa blême panique
Et que l'Esprit du Mal à son dessein nous tente,
Evitons que notre âme à nous-mêmes ne mente.

L'Ironie, c'est Crotale qui se mord le dard,
L'enfant de Sparte, ô Plutarque, auquel un renard
Boulotte l'estomac. L'Humour, c'est l'Ironie
Avec l'Amour en plus et le front du génie.

XXXV. Vendredi Saint

Aujourd'hui, la nature est en deuil.
Sur les arbustes, pas une bête,
Pas même le joyeux écureuil.

Dans l'herbe grasse, absentes les fleurs
Du printemps, sinon la violette
Où s'égoutte ainsi que de fins pleurs

Une rosée tiède et larmoyante.
On ne dirait qu'à moitié vivante
Cette verdure en pourpre évidente.

Noctifer , Le porteur de nuit

XXXVI. Heidenbad

C'est une cascade grandiose et fracassante.
Du haut d'un roc brumeux, elle se précipite
Et creuse en bouillonnant une ronde marmite.
Plus loin, où s'émeut une rumeur coassante,

Sur la mousse qui suinte un léger marécage,
Je me figure un druide entouré d'ombres blanches,
Or que tourbillonne l'abîme sous la rage
D'un écho chevauchant d'équestres avalanches.

Et tandis que dans l'ombre, un cerf au corps hybride,
Ainsi qu'un dieu sauvage des bois séculaires,
Entraîne au fond du gouffre un spectre par la bride,
Je vois se refermer ces flots spectaculaires.

XXXVII. La Fée verte du Bockloch

Légende du Schlossberg

Il est près d'un village nommé Wildenstein
Un château en ruine au sommet d'une montagne
Rocheuse qu'environne une verte campagne.
Une légende –ce n'est pas celle de Daïn,

Noctifer, Le porteur de nuit

Ni celle d'Artus, mais d'une crête incertaine-
Raconte qu'au temps jadis, des seigneurs brigands,
Barbares sans pitié, pillards et arrogants,
Avaient élu demeure sur ce roc en peine.

Chasseurs invétérés, hommes durs et cruels,
Assassinant sans cesse et malmenant leurs serfs,
Ils aimaient avant tout la guerre et les duels
Et traquer jusqu'au fond des bois les nobles cerfs

Qui parfois se jetaient dans l'onde tourmentée
D'une chute immense qu'on dit toujours hantée
Par le fantôme vert d'un chevalier sauvage.
Ce fut une nuit sombre, avide de carnage,

Que le seigneur le plus brutal de ces bandits
Périt dans le tumulte avec son destrier,
En traquant un brocard par les gouffres maudits.
Les anciens savent encor que le meurtrier,

En poursuivant la bête noire aux yeux jaunâtres,
Jura plus d'une fois le saint jour de Noël
Avant de sombrer dans le courant éternel.
Depuis ce soir funeste, on tremble au coin des âtres

Aux parages de la sombre forêt damnée.
Il m'arrive d'aller dans cette ruine austère
Quand vient l'été frileux, au moment de l'année
Où la nature est calme ainsi qu'un cimetière,

Noctifer , Le porteur de nuit

Afin de surprendre le galop frénétique
Du cavalier qui erre en ces lieux désolés.
C'est une forêt troglodyte et pathétique
Qu'un murmure parmi les arbres boursouflés

Emplit d'une diffuse et troublante inquiétude,
Qui court sur votre nuque comme un baiser froid !
Sous une voûte intacte, un escalier étroit
Conduit à un petit pré par un sentier rude

Duquel j'aime contempler le val endormi.
Mais lors d'une nuit obscure aux ombres mouvantes,
Je fus frappé en mon sein, meurtri à demi,
Par l'inflexion aux langueurs évanescentes

D'une plainte hésitante, humble et surnaturelle,
Qu'une voix pleine de douce mélancolie
Egrenait au vitrail ardent d'une tourelle.
Alors je levai mon regard plein de folie

En direction de cette apparition spectrale
Que je devinais à la lueur vagabonde,
Et je fus saisi d'une froideur sépulcrale
Quand j'aperçus soudain une sylphide blonde

Qui se tenait livide à la fenêtre enclose.
L'étrange miniature était si frêle et pâle
Que le vent balançait sa chevelure éclose
A la trouble verdeur de ses beaux yeux d'opale ;

Noctifer , Le porteur de nuit

Et désespérément, la grêle prisonnière
Se penchait sur l'abîme, blême et implorante,
Comme si derrière elle la glauque lumière
De ses geôliers l'eût fait vaciller d'épouvante,

Esclave maltraitée par de lâches bourreaux,
De sa prison de verre étreignant les barreaux,
Ou telle une pensée qui s'incline et frémit
Aux tendres feux du soir qui frissonne et gémit

Quand vient le crépuscule en soupirs éclatants.
Emu, alors certain que mon heure sonnait,
J'escaladai la falaise jusqu'au sommet
Pour cueillir la fleur aux longs rais étincelants.

Je caressai la corolle à plat sur ma paume,
Juste entre deux doigts, puis brisai le fil d'arôme
Par où tenait la vie de cette créature,
Calice odorant sur un lit de pourriture.

Grelottante et blottie ainsi qu'un petit être,
Je sentis mourir au creux de mes mains ouvertes,
Et perdre le souffle en suintant des gouttes vertes,
La fée dont un instant j'avais été le maître.

Alors la voix se tut –j'avais rompu le charme-,
Et je crus que la rose versait une larme…
Sur le roc mystérieux où je savais entendre
Autrefois les sanglots d'un air tristement tendre

Noctifer , Le porteur de nuit

Ebruité par la fraîche rosée du couchant,
Je ne vois plus que ravage et destruction,
Or qu'en place de mélopée, le cri méchant
Et comme plein de glace du morne aquilon

Siffle un remord lugubre dans la nuit humide
Que la lune irise d'un éclat maléfique,
Tandis qu'au loin varie le jappement timide
Du perfide chat-pard et d'un chien famélique.

XXXVIII. La Moire et Belzébuth

Parfois, le soir, quand dans ma chambre je médite,
Un moucheron me vient agacer les oreilles
De sa viole virevoltante et maudite
Sous le saint chaperon aux rêveries vermeilles

De l'abat-jour de bureau où je veille tard.
Il m'effleura l'idée, à plus d'une reprise,
Que cet éternel bourreau dessus mon buvard
Devait être un égaré cherchant une emprise

Auprès de mon esprit aux détails réceptif.
« Ne me ressemble-t-il pas cet errant captif ?-
Condamné chaque jour à renaître à nouveau

Noctifer , Le porteur de nuit

Parmi l'insignifiance égoïste et blafarde
D'un univers cyclique ainsi que l'écheveau
Où la Moire cynique à rêvasser s'attarde. »

XXXIX. Résurrection

Un incendie s'est allumé
D'une étincelle inattendue
Dans ce Sahara embrumé
Où mon âme errait éperdue.

Car, tu vois, enfin je revis!
Et j'aime jusqu'au désespoir
Ton port bercé de nonchaloir.
-Marie, parfois tu me ravis

Comme une rose au crépuscule.
Alors ma poitrine en délire
Explose presque quand j'inspire!
Aussi comme une renoncule,

Marie fait pleuvoir sur mon cœur
De douces larmes de bonheur,
Que ce vert parfum fertilise
Ainsi qu'une liqueur exquise.

Noctifer , Le porteur de nuit

Elle a de *Viola tricolor*
Les grâces tendres et discrètes.
Dans ses yeux fondent comme l'or
Mille espoirs aux couleurs secrètes.

Quand de sa voix la mélodie
Verse un baume à mon sein blessé,
Ce flanc qui fut jadis blasé
Guérit de sa mélancolie:

Tel est le pouvoir de cet ange
Qui m'apaise de tous mes maux
Et de mes rêves les plus beaux
Ressuscite la force étrange.

-Marie, je te veux embrasser
Comme on embrasse son passé,
Et t'exprimer que tu m'es chère,
Comme on caresse une chimère.

XL. A celle dont l'absence m'anéantit

Le printemps délicieux, tout imprégné d'arôme,
Est revenu enfin! L'insouciance divine
Des mimes enfantins resplendit sous le dôme
D'un espace argentin. Vaste et pur s'illumine

Noctifer , Le porteur de nuit

Le ciel éclatant. Ainsi qu'un frais idiome,
La nature déploie un langage sublime
A chaque vie, à chaque plante, à chaque atome
Aimant, révélant en soi son essence intime!

Mais or que la jeunesse à loisir batifole,
Doucement je m'affaisse, irascible Géronte,
Moi qui, à peine, ai passé vingt ans. Que j'ai honte!

Et comme je m'en veux de mon angoisse folle:
Car toi, tu n'es pas là ! toi, la chair de mon cœur,
Etoile de mes yeux, sous ce soleil vainqueur.

XLI. Djinns

Chantons les infernaux royaumes du sommeil,
Afin d'exorciser un doute irrémédiable.
J'explore un grenier au dédale nonpareil
Dont surgissent comme d'une boite son diable

Ou l'affreux génie de la lampe d'Aladin,
Des escaliers en multiples colimaçons,
Ces boursouflures cornues au regard malin,
Fumant dans le parquet, vaporeux limaçons,

Comme voilés par la poussière où ils sont nés.
Je ne ressens rien pour ces larvaires damnés,
Tant la terreur qu'ils pouffent me semble bénigne.

Noctifer , Le porteur de nuit

D'autres que moi les connaissent par la lecture :
Pour un homme qui prétend penser, quelle guigne !
Mais dont l'esprit à rêver trop loin s'aventure.

XLII. Memento

« Fais un choix ! Pas de doute, or dis-
L'Angoisse établit son empire-,
Des humains les plus accouardis
Ton vertige apprendra le pire !

Entre l'horreur et la merveille,
Fais un choix, le temps passe, avoue :
Sinon c'est la Peur nonpareille
Qui voudra te voir à la roue

Suer des pleurs de jalousie
Au lieu de goûter l'ambroisie.
Fais un choix, presse-toi, menteur :

De hideur l'Hydre est assoiffée ! »
-Moi aussi, mais de la liqueur
Par la clepsydre éternisée.

Noctifer , Le porteur de nuit

XLIII. Individuum hermétique

C'est dans ma tendre enfance que je l'ai connu,
Le détestable hôte d'une prison blafarde
Qu'illumine un brasier dévorant son toit nu.
Ce spectre hydrocéphale dont l'*augive* garde

Un sanctuaire altier où nul n'est bienvenu,
M'obsède depuis lors de sa pupille hagarde.
Sur une pyramide au plat sommet déchu
En une vaine aurore où le soleil s'attarde,

Il a pour Origine une mère Araignée
Par sa toile infecte toujours accompagnée.
C'est un symbole iridescent, l'arc d'un portique

Où l'homme, à force de se voir à soi semblable,
Succombe inexorablement à la panique
Qui rode en cette tour au front abominable.

XLIV. Le Soir sur le Pont de Kehl

Que tes eaux sont troubles, ô Rhin, fleuve mythique!
Et comme retentissent tes flots mugissants
Qu'emportent un courant souterrain et mystique
Aux longues plages vertes en rais puissants.

Noctifer , Le porteur de nuit

Par les bosquets obscurs aux marais vaporeux,
Où dans la nuit glacée des bras morts tortueux,
Sifflent en gargouillant un soupir modulé
D'invisibles grenouilles dans l'air ondulé,

L'âme d'un charbonnier secoue de noires mottes
De terre putréfiée. Et remontant des grottes,
Comme on entend l'écho d'une source tarie,
Se meurent encor les chants d'une Walkyrie

Qui semble agoniser en un chuchotement.
Sur le roc argenté que fracassait jadis
La voix mystérieuse des dieux endormis,
Dont les druides furent voués au châtiment,
Aux feux païens s'élève une Rose sublime,
En son règne tranquille au dessus de l'abîme.

XLV. Rêve d'évasion

Réminiscence

Qu'il serait doux de fuir avec toi poursuivis,
En un songe d'escapade, ô ma tendre inquiète,
A travers vaux et prés, pareils à des proscrits !
Nous irions ainsi que Roméo et Juliette,

Noctifer , Le porteur de nuit

Or que l'on se suivrait, se cherchant dans l'errance,
Au paradis verdoyant où je te vois reine.
Te souviens-tu, Marie, des vergers de l'enfance ?
Que le vent de la fugue au lointain nous entraîne !

Par les bois de l'exil nous frayant des passages,
Notre amour fleurira à l'abri d'un buisson
Où pour toi je cueillerai des pommes sauvages,
Et le vin grisant des fruits de notre passion

Aura le goût brûlant des baisers éphémères.
Quand nos corps enlacés, pris d'un frisson fébrile,
Succomberont à la morsure indélébile
Par le croc justicier d'électriques vipères.

XLVI. L'Anachorète et la Figue

Dans un château cathare, au fond d'une chapelle,
J'imagine, or que je traverse la garigue,
Un bonhomme à genoux, qui soudain m'interpelle
Et, debout en froc noir au versant, d'une figue,

A l'étranger offrant tout son bien et son aide,
Me tend le miel comme un remède à ma fatigue.
Puis sans me déranger, suivant la pente raide,
Me voyant mordre au suc vermeil avec intrigue,

Noctifer , Le porteur de nuit

Il m'emmène à son pieux logis d'un air pensif,
Et, soudain penchant son corps maigre et maladif
Devant la porte de vigne vierge et de lierre,

Marmonne d'un ton rauque ainsi qu'une crécelle :
« N'ai-je pas mal agi de baiser la matière
Et risqué le salut de mon âme immortelle ? »

XLVII. Les Mystères de Thann

Du haut de ses remparts qui courent sous la terre,
Qu'étreint une végétation subliminale,
Le vieux donjon veille ainsi qu'un œil de sorcière
Sur la bonne cité, gothique et médiévale.

La légende raconte –On peut encor le voir
Dans une enclave ignorée de la ruine austère.-
Qu'autrefois du château, un ténébreux couloir
S'enfonçait dans la montagne, empli de mystère,

Jusqu'à la ville ensommeillée de mon enfance.
Au seuil révélateur d'une porte d'airain,
De ce passage obscur, souvent la remembrance
Hante mes pensées comme un rêve souterrain.

Noctifer , Le porteur de nuit

Je sais un abri concave au creux d'un rocher,
Infesté de décombre, ainsi qu'une chapelle
Désaffectée, dessous la falaise niché,
Fermé par un lourd portail de fer où ruisselle

Un pleur ancestral suinté de la voûte humide,
Dont s'ouvre à mon esprit le sentier oublié.
Et je devine, affleurant ce gravât putride,
Un escalier secret à demi obstrué

Où des salles d'armes et des lacs enfouis
Recèlent des cohortes casquées de squelettes,
Gardiens sans yeux par mille torches éblouis
Crépitant au milieu de vastes oubliettes

Quand passe dans la pénombre un intrus tardif.
Et je découvre en ces galeries incertaines,
Or que je chemine, sombre et contemplatif,
Parmi mes rêveries fructueuses et vaines

Une catacombe inondée comme Venise
Par les crues invisibles des bras de la Thur
Qui couvrent d'un miroir profond tel d'une église
La crypte exorbitée de leur pavage obscur.

Qui sait si dans un siècle quelque archéologue,
Intrépide aventurier, trouvera l'anneau,
Au fond d'un sanctuaire avançant en pirogue,
Où resplendit le pouvoir du grand Saint Thiébaut ?

Noctifer , Le porteur de nuit

XLVIII. Château brillant

La flèche ainsi qu'une chrysalide embrasée
Elance vers le ciel ses dentelles de grès
Dont courent les créneaux sur la cime enneigée
Où s'accroche un rais pourpre. Et tandis qu'un vent frais

Berce les monts nimbés d'une aurore rosée,
Le thyrse or, orgueilleux, qui semble un grand cyprès,
Pointe son diamant sombre où se joue, arrosée
De bruine, la lueur d'un soleil qu'aux filets

Des nues le soir scintillant d'un spectre éclabousse.
Alors soudain, comme une ancêtre émue qui tousse
Et s'éclaircit la voix, les orgues solennelles

Chantent une harmonie qui fait trembler la brise
Et vibre au firmament telle une cloche où, frêles,
Le sublime l'obscur en prismes cristallise.

XLIX. Le Chevalier vermeil

Ou le Walhall du Poëte

Lohengrin arriva couvert d'or et splendide
En une nacelle éclatante de clarté
Ainsi le justicier d'un pire fratricide,
Pour porter la Parole du vrai Dieu, armé

Noctifer , Le porteur de nuit

D'une épée. Sur les eaux voguant sans une ride,
Le héros s'extasia, et caressant son cygne,
Sourit obscurément à la femme apatride
Et pleine de vertu qui lui faisait un signe.

Elsa, mon Idéal perdu ! Dans un royaume
D'Art et de féerie, nous nous retrouverons ;
Où règne une aurore magique aux environs

D'un astre au sombre éclat : par la lance et le heaume,
C'est *toi* que je vengerai, *Muse* inspiratrice !
Pourtant toi, de toutes les beautés génitrice.

L. L'Exil d'Ostara

Au culte antique encor, je voudrais rendre hommage
Et parer d'un linceul de brume iridescente
Les brasiers de Saint Jean. Blonde et frêle bacchante,
Prêtresse, entends : je me souviens d'un ancien mage,

Du fin fond du Danube arrivé chevauchant,
La barbe et les cheveux hérissés, dans la brume,
Et levant les deux bras dans le lointain couchant.
Grands bûchers sacrés, jadis, -à présent : coutume !

Noctifer , Le porteur de nuit

Je vois un cortège inondé de mille feux,
Flamboyants dans la nuit, tels d'ondulants soleils,
Or qu'étincèlent les casques luisants des preux
Ainsi que de gigantesques oiseaux vermeils.

Et sur le mont rocheux qu'un humain sacrifice
Hante comme un soupir, parmi les fleurs de sang,
S'ouvre tel un tertre la terrestre matrice
Où les dieux d'autrefois végètent en songeant.

LI. Promenade du Soir

Un tamarinier pend au ciel
De ma retraite bienheureuse.
C'est une dévote chartreuse
Qu'adoucit une pluie de miel

Comme un relent fleurdelisé
Dont suinte le divin nectar
Sous la voûte, une nuit bien tard,
D'un tunnel vert et anisé.

Dans un dédale de caveaux
Des forêts néo-zélandaises
Où vont de curieux marsupiaux,
Mon âme explore les falaises

Noctifer , Le porteur de nuit

De contrées antédiluviennes.
Frôlant de tout près les à-pics
Qui bordent ces voies souterraines
Que des champignons agarics

Irisent d'un éclat blafard,
Je marche ainsi qu'un somnambule
Rêvant toujours et l'œil hagard,
Tandis que la lueur recule.

LII. Vision extatique

J'allais aujourd'hui, badinant le nez en l'air,
Sur la place déserte aux jaunes feux tardifs
Du soir évaporé de contrastes plaintifs,
Quand j'arrêtai mon regard dans un rayon clair

Sur un pauvre tronc desséché par le soleil,
Comme en une vision aride et exotique :
C'était dans le couchant, un palmier hiératique
Qu'un or blême enflammait en son ardent sommeil.

Alors je me penchai pour contempler de près
Un objet bizarre qui éclosait au frais
De l'ombre fantastique et nimbée de couleurs.-

Noctifer , Le porteur de nuit

Tel un ficus désolé du désert mouvant,
Une cosse ouverte et remplie d'obscènes fleurs
Epandait la semence d'un lilas mourant.

LIII. Le Styx

Est-il imaginable, ô mon esprit malin,
Et digne de raison, pour l'amour de l'ivresse,
D'aimer l'Abominable aussi fort que le Saint ?
A goûter aux raisins de la délicatesse,

Mon âme s'est perdue en extase perfide
Ainsi qu'un soldat zouave en quête d'exotisme.
J'ai cherché dans les vains blasphèmes du lyrisme
Un fantasme assez fort, -et j'ai trouvé le vide.

Je sais une région, juste au sud de Bruxelles,
Où tout ce qui vit se corrompt, puis fermenté
Va rejoindre en un flot sale l'eau des vaisselles

Au fond d'un puits infâme au jus contaminé
Par l'expression des moisissures. Ainsi, ai-je
Sombré dans l'amertume, happé comme en un piège ?

Noctifer , Le porteur de nuit

LIV. Angle de fuite

Le pâle romantisme issu des temps modernes
Qui sent encor, lorsque vient la beauté du soir,
Sur sa joue frissonnante, have et creusée de cernes,
Ruisseler doucement un flot de désespoir,

Ressemble à s'y méprendre à un oiseau qui plane
Vers un horizon pur où se couchent deux astres.
Pour l'artiste incompris, poëte des désastres,
Seul brillent en un ciel extatique et profane

Les Vénus jumelles du matin et de sixte.
Idéal et Splendeur fondent un soleil mixte
En son âme profonde ainsi qu'en un espace

Vaste et déchiré, -rivé entre Bien et Mal,
Cédant au double instinct, divin et animal,
Que le Néant balaie de son aile vorace.

LV. Interactions

La prière est un cri que l'on lance vers ciel,
Tel un peu l'exorcisme du nécromancien
Qui hèle à son secours l'Esprit universel.
En murmurant les syllabes d'un mot ancien,

Noctifer , Le porteur de nuit

Le juste fait à lui venir, s'il est sans fiel,
La sublime cohorte en ordre aérien.
Et semblable à l'orage éclatant et cruel,
Un bataillon s'empresse à rétablir le Bien

Par un élan d'amour qui pourfend l'Hérésiarque.
Car tout dans les mondes de ce qui se ressemble,
Selon un mouvement de sympathie s'assemble-

En la matière, en l'homme, frappé de sa marque,
Et dans le plan subtil des corps spirituels ;
Dont l'essence obéit aux cycles naturels.

LVI. Monogramme

Quand, irisant le gris du ciel, un rayon libre
Semblant d'une source le cristal éploré,
Telle une mince étoile au clair de lune, vibre
Et répand ses sanglots dans l'air décoloré,

Il m'arrive parfois de songer à vos yeux,
Et d'abîmer mon âme en leur prisme changeant
Comme un fantôme errant dans un nimbe pluvieux.
Ces joyaux sont pour moi des lacs de vif-argent

Où j'aime à me baigner ainsi qu'en un éther,
Parsemé de forêts qu'une fontaine obscure
Imprègne d'un flot noir qu'embrasse Déméter.

Noctifer , Le porteur de nuit

Mais de ces lettres d'or l'unique enluminure
Me fait penser soudain au cyclope bifront,
Qui voit toujours dans les deux sens et tourne en rond.

LVII.

Aux parages obscurs des jardins de Sirius,
Je suis un Endymion qui veille dans le noir.
Et je bois à vos lacs, encor, ô feux du Soir,
Où mon âme s'abîme, quand paraît Vénus.

LVIII. Des Absences de l'Esprit

En des forêts d'un bleu plus profond que l'ozone,
Qu'emplit l'abîme aux innombrables embrasures
Peuplées de bonzaïs aux turquoises moisissures,
Il erre un râle halluciné, quasi-aphone,

Parmi de luxuriants bosquets d'armoise verte.
C'est en ces lieux que l'Hydre se métamorphose
Et l'âme en chatoyants effets se décompose.
Par une brèche inaccessiblement ouverte,

Explose la senteur des vergers de Satan.
Et tandis que dans l'ombre un Lévite inquiétant
Etale les splendeurs de son aura d'argent,

Noctifer , Le porteur de nuit

Je remarque en ses mains qu'évitent mes yeux
Ainsi qu'un objet coupable et luxurieux,
Un joyau nocturne au reflet intelligent.

LIX. Apesanteur et Télékinésie

La lévitation est la télékinésie
Du corps,
Ou l'invitation à la lucide amnésie
D'alors.

Quand l'esprit transporté par un élan sublime
S'abîme
En l'Inconscient, chaque atome en lui, chaque fibre,
Revibre
Un magnétisme où la cohorte parallèle
Des âmes
Lève hors de sa prison sa substance éternelle
En flammes,

Où l'apesanteur naît de quelque sympathie
Des corps
Subtils, arythmie que son ardeur purifie
D'accords.

Noctifer , Le porteur de nuit

LX. Au-delà de la Conscience

Le prophète inuit, dès qu'il passa sept ans,
Angekok, cessa de voir les monstres ramper
Sous la verrière où vague il aimait à tremper
Son regard parmi les flots bleus. Et ses parents,

D'un transport inouï, enfin manifestèrent
Par des danses, l'ivresse et la félicité.
Alors, l'enfant leur dit avec facilité
-Les chamanes anciens longtemps le racontèrent-

Les merveilles cachées des mondes engloutis.
Il était des grottes gelées sous la banquise
Et des palais de glace emplis de cliquetis

Qu'une lueur vivante en clapotant irise.
Et ses paupières se fermèrent à jamais :
Aveugle et tâtonnant, il alla désormais.

LXI. Le Paradis dans tes yeux

A M.

Dans un lagon que tamise une lune orange
Toute pailletée d'or aux effets éclatants,
Je crois plonger, lorsque je contemple longtemps
De tes yeux *mer de Naples* le reflet étrange.

Noctifer , Le porteur de nuit

Sur des sables ardents ainsi que le Vésuve,
Ton ample ton léger me jette sans remord
En extase parfaite –son souffle est effluve-,
Car l'une est plus exquise que l'autre, ange, encor.

LXII. Souvenirs dérisoires

Je traverse parfois une pelouse inculte
Où des corneilles en manteau noir s'entretiennent,
Dont le langage ésotérique envie l'insulte.
Parmi les buissons verts quand les étudiants viennent

Apaiser les chaleurs de leur esprit lassé
Dans la rosée du soir chargée de sucs ambiants,
Je me souviens de nos longs discours insouciants
Sur un tapis de feuillage matelassé.

Et, ma douce Viola, je nous revois tous deux,
-Fussent ces charognards les messagers des dieux-
Disputant ainsi que des oisons raisonnants

Et comptant les feuilles de notre vieux Tilleul,
(Lequel d'Epistemon maintes fois fut l'aïeul !)
Tandis que ses bras entravent le rais des ans.

Noctifer , Le porteur de nuit

LXIII. Le Châtiment de l'Extase

L'âge change la vision du Temps qui passe ;
La passion semble accélérer l'âge qui vient.
A l'esclave du dépaysement que rien
N'arrache à la contemplation du grand espace,

Bientôt s'ouvriront les portes des Profondeurs
Ainsi qu'un miroir céleste empli de vertige.
Le cœur fort, ce Sisyphe, avec son rythme érige
Des architectures aux funestes splendeurs.

Les fantasmagories d'une âme passionnée
La conduiront à grand'erre à sa destinée,
Au détriment de sa santé et de sa mère !

Et si les voluptés des abîmes verdâtres
Ressemblent pour beaucoup à de divins théâtres,
La Vertu récoltera le même salaire.

LXIV. Phénomène magnétique

Quand l'orage est dans l'air, parfois sous la mansarde,
Je fais un rêve obscur qui m'étreint et m'agace
Ainsi qu'une phalène imprécise et fugace.
Aussi, son vol imprévisible se hasarde

Noctifer , Le porteur de nuit

Parfois dans mon cerveau et me met mal à l'aise
Tandis que l'ombre devient matérialité.
Et je sens sur mon front d'angoisse ébouriffé
Son souffle vaguement, comme un frisson de braise,

Soupir précipité des rayons d'un manège,
Que je vois former des nuées de verre en prisme
Qui s'amassent ainsi que des cristaux de neige
Et par l'attraction d'un logique vampirisme

S'ouvragent et font, abyssale architecture,
Des lotus profonds comme des yeux de cyclopes.
Alors, tu nais en moi, fatale conjecture,
Qui sombres en toi-même et sur soi m'enveloppes !

Et soudain dans le noir, –n'est-ce que pur fantasme ?-
Je conçois une obscurité supraterrestre
Qui pénètre en mon sein qu'un grand vide séquestre,
Dans un abominable bruissement de phasme

Au centre de cette vision métapsychique.
Mais tandis que se rompt l'odieuse chrysalide,
Emettant un craquement rauque et maléfique
Et exhalant d'acres vapeurs de cantharide,

Sous une arche de bronze ardent où rien ne bouge,
Plane, impassible Sphinx d'un démiurge asiatique,
Extérieur, placide, simple et énigmatique,
Brillant comme la Mort, un double disque rouge.

Noctifer , Le porteur de nuit

LXV. La Foule Intangible

Les escaliers qui gémissent en fausset
Lorsqu'un vieillard bossu les monte en tâtonnant
Me font songer parfois à un rêve étonnant
Qui me vint une nuit d'orage au Lazaret

Or que la lune austère brillait dans les fentes
Du volet par l'embrun du mistral secoué.
Quel frisson je ressentis lorsqu'au lit cloué
Dans un éclair violet aux blêmes épouvantes,

Je vis nettement une figure verdâtre
Tandis que mort de froid je me pliais en quatre !
Le fantôme portait la coiffe à large bords,

L'habit tombant et noir des Docteurs de la haine.
Et soudain je crus voir, non ! –je rêvais alors-
Ces sinistres malades mis en quarantaine.

LXVI. Méditerranée

Je retrouve le mieux les calmes voluptés
Des temps de l'Antiquité si chère au savant
Parmi les colonnes et les jardins sculptés,
Où nage l'humidité d'un parfum grisant,

Noctifer , Le porteur de nuit

Des palais du Maghreb insouciant et fleuri !
Par les souks et les rues tortueuses de Fès,
L'ombre d'un vieux Romain se promène et sourit.
Et dans ces cours dallées où se pâment au frais

Des femmes dont le sein nonchalant se découvre,
Je vois un décor de marbre et de mosaïques
Qui se souviennent dans leurs luxes archaïques
Des mollesses de Pompéi. Tandis que s'ouvre,

De cuivre rouge et d'or terni en arabesques,
Un portail où s'infiltrent les vapeurs musquées
Du hammam, des oiseaux de paradis aux fresques
S'accrochent et semblent des chimères masquées

Qui portent ainsi qu'une poudre sur leur aile,
Mêlées de *kamoun*, de sable ocre et de cannelle,
Les cendres des Césars et d'Arria Marcella
Que le passant frôle aux plis de sa djellaba.

LXVII. Incarnation d'Isis

Es-tu femme ? Es-tu fée ? Je ne sais.
Vierge étoile évaporée d'un rêve !
Evasivement dans mes excès

Noctifer , Le porteur de nuit

Et jadis, quand ainsi qu'une sève
Vivait en mon sein gonflé d'amour,
Espoir, d'une jeunesse encor pleine,

Eprise d'infini sans retour,
Vacillant comme hier en haleine,
Etreint par ton regard, ô ma peine,

Ebloui, mais par la lune vaine,
Vraiment, je songeai tout éveillé,
Eve, à ton visage, émerveillé.

LXVIII. A contre-courant

Je fus jadis un ondin des flots nébuleux
Précipité soudain par une fée cruelle
Sur une berge impure au soleil lumineux.
-Mon esprit, amoureux de la forme éternelle,

Tu connais la haine immense du mouvement !
O mon âme, souviens-toi de l'abîme ancien
Où le monde n'était qu'un divin monument
Rêvé pour les splendeurs d'un songe aérien…

Noctifer, Le porteur de nuit

A présent que je bois le puissant népenthès
Aux spires du Léthé qui cherche à m'engloutir,
A contre-courant du fleuve du devenir,

Une ombre me salue aux rives de l'Hadès,
Qu'un joyau sombre et bleu, plein de Nuit, transfigure
Dans l'onde d'un ruisseau pénétré de murmure.

LXIX. Limite

J'écoutais sur la grève en lointaines saccades
Un vent tiède ébruiter la musique des sphères,
Et je voyais des flots d'insectes lucifères
Déferler scintillants par vivantes cascades.-

Des instants, entre deux foudres qui s'entrechoquent
Et dans un réseau bleu de nues photosensibles
Semblent se répondre. A ces secondes terribles
Que nos esprits malgré nous quelquefois évoquent,

Où, battant l'aile pour combler un vide absent,
La *psyche* prisonnière ainsi qu'un papillon
Dans un bocal d'éther songe confusément,
Eclate la rougeur d'un grinçant alcyon

Noctifer , Le porteur de nuit

Dont le regard vengeur darde une trille avide.-
Mais j'entendis soudain l'Absurde aux yeux mi-clos
Lancer un cri bestial, perçant la nuit sapide,
Et la mer calme et bleue soupirer des sanglots.

LXX. Dialogue onirique

Le désir du Néant a conduit plus d'un homme
A songer, or que le sommeil ne venait pas,
Aux infinies douceurs de son propre trépas.
Les voluptés de l'oubli s'ouvrent parfois comme

Une naissance à un autre univers conscient.
-Car c'est seulement lorsque l'on ne veut plus être,
Que l'on est réellement.- Ainsi déficient,
Je descendis malgré moi dans le gouffre traître,

Comme nageant parmi les laves corrosives,
Tandis que ma chair fondue semblait me quitter
A mesure que j'allai par l'immensité
D'un cratère où m'englobaient, formes primitives,

Les cercles mystérieux de la métempsycose.
Par delà les épais manteaux d'or et de braise,
En des cavernes où l'esprit, mal à son aise,
Parmi des limbes argentés se décompose,

Noctifer , Le porteur de nuit

Je plongeai en proie à une harmonie immonde.
Tout n'était que notes et rythmes affolés,
D'un agencement trop dément pour notre monde
Ainsi qu'un clavecin en spasmes effilés,

Plus éloquent que les stances d'Anacréon,
Ou tel un orgue au ventre en spire interminable
Pliant l'espace-temps comme un accordéon.
Alors je devinai l'Enorme abominable,

Au milieu de cette étrange cacophonie :
Etais-ce un fœtus, un monstre céphalopode ?
La forme inachevée, anormale et honnie
D'une phalène dont la vague angoisse rode ?

Je ne sais précisément ce que nous nous dîmes,
Conversant en esprit au fond des noirs abîmes,-
Mais cette rêverie sublime, or que j'oublie,
Me laisse à cet instant comme une nostalgie.

Noctifer , Le porteur de nuit

LXXI. Carnets

Les Arbres morts

1.

En ces lieux par de vagues formes habités,
Que lèchent les lames d'un soleil en fusion
Ainsi que d'ardents flambeaux dans l'azur profond,
Songes suspendus entre deux éternités,

On voit parfois, incertaine et troublante image,
Une fête étrange renaître en un mirage.
Ce sont les enfants qui rentrent de la campagne
Et dansent en rond autour d'un mât de cocagne ;

Un symbole plus ancien dont le sens se perd
Dans les brumes de forêts septentrionales
Où luisent de jaunâtres aurores spectrales
Que le noir de la nuit pourfend comme un éclair.

2.

Il est une heure immanente, un midi du soir
Où des nues l'infrangible et pourpre bleuissure
D'une aube vampirique semble la blessure.
Quand une Hébé jumelle ainsi qu'en un miroir

Noctifer , Le porteur de nuit

Reluit son mystique et insondable falot,
L'ombre tout à coup devient matérialité ;
Et je vois, entouré d'un ténébreux halo,
Un peuple d'oiseaux et de rongeurs abrité

Dans le ventre mystérieux, vaste et prolifique
D'un arbre par le vent et la pluie vermoulu.
Parmi la nue où nage une lueur panique,
Je pressens l'onde, alors, du couchant absolu.

LXXII. Antimoderne

Edgar Poe nous livra la preuve archétypale
De l'origine angoissée du Rythme et du Temps,
Qui creusent dans nos cœurs leur vérité fatale
Ainsi qu'une migraine aux fantasmes rampants.

Déesse innocente exhumée du fond des âges,
Titans d'autrefois que l'on nomme dinosaures,
Nixes exilées du fleuve par les barrages,
Tombeaux que la pelle a vidés de leurs thésaures ;

L'homme est bien morne, hélas ! arrogant et mesquin.
A tout prendre jadis, je préférais Tarquin,
Néron, Faust et Achille à cette engeance mièvre !

Noctifer , Le porteur de nuit

La Chimère moderne allie criardement
Le front du bœuf stupide à l'oreille du lièvre,
Pour mieux croire à l'écho de son soupir dément.

LXXIII. En éclaireur

L'amour de l'Idéal est un chemin de ronce
Où chaque mineur creuse un sillon broussailleux,
Et tandis que dans cet enfer malsain s'enfonce
Son regard comme brouillé d'éternels adieux,

Des spectres familiers, au hasard en quinconce,
Semblent lui adresser des sourires odieux.
Cependant qu'en secret son cœur ardent prononce
Un vœu d'amour infini au monde oublieux,

Parfois, nez à nez, il rencontre quelque gnome
Gardant une alcôve. Mais ce grouillant royaume,
Où vague par endroits, ivre de sa pléthore,

La course absurde et mythique du Minotaure,
Recèle, enfouis, lanternes tressées de liane,
Des joyaux scintillants ainsi qu'un fil d'Ariane.

Noctifer , Le porteur de nuit

LXXIV. Le Chant du Cygne

Les devins d'autrefois savaient vaticiner
De mille façons étranges et repoussantes,
Et dans les entrailles encor presque gloussantes
Des oiseaux d'Esculape lisaient sans ciller

Du destin des hommes les rouges vérités.
Grands cygnes, qui fûtes l'ami du Philosophe,
Dont la plainte nocturne égale les beautés,
Dans leur désespoir, de l'immense Catastrophe !

Vous seuls me comprenez, anges sans illusions,
Démons d'un ciel déchu de l'Idéal antique !
Vers vous, je lance un cri furieux et pathétique,

Afin qu'un jour ensemble nous nous envolions,
Quand se briseront comme un château de cristal
Les larmes de mes yeux venu l'âge glacial.

LXXV. Allégorie de la Débauche

Le Poëte chanta tes sordides appas,
Or, d'avantage que la grâce des Vertus.
Une candeur funeste, au milieu des sabbats,
Ajoute à la volupté. Je t'aime le plus

Noctifer , Le porteur de nuit

Quand je caresse tes cheveux de plathelminthes
De mon bras jusques à l'épaule entortillés.
On dirait l'antique Sthéno des fresques peintes,
Dont s'ouvrent bien trop grand les yeux exorbités.

Alors, le sphinx de l'angoisse plante sa trompe
Immonde en mon cerveau, chargé de doux pensers
Ainsi qu'en une fleur amère et psychopompe,

Qu'environne vaguement les parfums légers
Qui suintent du mensonge de son poison noir
Quand la clepsydre gronde : Songe à ton devoir !

LXXVI. Cynisme

Je suis l'inspiré, le parleur qui ne sait rien ;
Le fou ivre, le possédé, l'énergumène,
Le vagabond errant, qui vague avec son chien
Et ne sent guère au juste où sa folie le mène ;

Tel que Platon le vit dessous un vaste pin
D'Athénée, se gorgeant d'esprit, dont il assène
La portée véritable en bavardage vain,
N'en saisissant pas plus le contenu obscène

Et l'écho faisant aux arbrisseaux qui pépient.
Voici la manière étrange dont il faut prendre
-Autrement, par ma foi, je ne le voudrais rendre-

Noctifer , Le porteur de nuit

Le sens de mes discours, pour ceux qui trop épient
Quelque once de raison dans ce balbutiement
Qui fait mon existence au monde et mon tourment.

LXXVII. La Goule Anima

Pourquoi faut-il sans cesse être traîtrement fat,
Et pour la volupté d'un plaisir éphémère
Préparer son malheur et que tout dégénère,-
Tromper ce que j'aime ainsi qu'un friand malfrat ?

L'Angoisse a ses raisons que la débauche ignore.
Et si le Temps nous mange en sa course terrible,
C'est l'homme qui agit en bête carnivore !
Pourquoi tenter encor d'éviter l'impossible,

Puisqu'un démon, toujours, de son mauvais conseil,
Nous vient enseigner les voies de l'adversité ?-
Vampyr séduisant, qui plante son croc vermeil,

De nos chairs suçant la sanglante vérité,
A même le cœur. –Goule, qui vers moi se courbe,
Des amants d'entre tous préférant le plus fourbe.

LXXVIII. Daïmonologie

Cornélius Agrippa, le mage immémorial,
Connaissait des Nornes les fières attitudes
Qu'il avait percées au fil de sages études,
Et professait un ésotérisme martial.

Mais lorsqu'il agrippa du fer au rond pommeau
La poignée de corne, frissonnant d'impatience,
Un petit démon en sortit. -Pour de la Science
Tarir son amour, lorsqu'il prit le livre en peau

Humaine, encor son propre arpète, épouvanté,
N'acheva pas d'ouvrir le grimoire enchanté ;
Tant il voulait savoir, plongé dans sa lecture :

Le Diable en personne apparut devant son nez !
Bonnes gens –peuple honnête et laborieux-, sachez
Tenir l'écart d'avec les Arts et la culture.

LXXIX. Chanson désuète

Comme un clignement fébrile à certain moment
Quand passe un nuage sur l'étoile insensible,
Il vient une luciole en spire au firmament
De mon œil, allumer l'éclair imprévisible,

Noctifer , Le porteur de nuit

Qui ne terminera jamais de me surprendre.
Je vois une contrée verte aux mille flambeaux
Vacillants et bleutés, comme une Salamandre
Vient égayer par la chaleur de ses brûlots

Les longues soirées au coin des feux de Brumaire.
Dans l'ombre des rues qu'une lampe à gaz éclaire
Avec un tremblement fantastique et blafard,

Ce soir, j'aimerais errer à n'en plus finir,
Et brûlant sur mon front qui rêve de départ,
Eprouver le frisson de la flamme et frémir.

LXXX. Tableau saturnien

Une horrible vision m'a visité en songe :
Celle d'un homme en arbre métamorphosé.
Comme la charogne que la vermine ronge,
Des branches déformaient son corps couperosé

Et saillaient sous les chairs ainsi que d'une éponge
Exprimant les moiteurs. Car enfin, je n'osai
Contempler son supplice ! or que, glabre, une oronge,
Sanglotante verrue, sous son œil éclosait.

Noctifer , Le porteur de nuit

Et cette féerie macabre et ridicule
M'embaumait en esprit d'un parfum généreux
De menthe douce, de fougère et d'aspérule,

De fleur de noix, de mousse et de pin sirupeux.
Ce Saturne ukrainien, c'est notre Père à tous !-
A nous tous qui sommes devant lui à genoux.

LXXXI. Crépuscule idéal

Dans les bois séculaires où le soir vient tôt
Et dans l'obscurité tous les bruits s'amplifient,
Quand ainsi qu'un murmure étranger le hulot
Des oiseaux nocturnes dont parfois se méfient,

Tapis dans le sinople souple des bosquets,
Un peuple de petits minois effarouchés
Dont les yeux miroitants luisent comme éméchés ;
Lorsque le marais vivant glousse des hoquets

Qui se perdent parmi les chênes ancestraux
Dont le ramage épais imprègne l'air de zan,
J'aime à imaginer les Elfes des sureaux,
Dont j'effleure parfois les secrets en passant,

Noctifer , Le porteur de nuit

Ainsi qu'un monde immense une nuit merveilleuse
Dont mon cœur fatigué épouse les splendeurs.
Mais comme rêvée du fond d'une souche creuse,
Une fée versatile aux funestes candeurs

M'invite en son palais plein d'étranges paresses
Dont le charme sylvestre adoucit mes tristesses.
Et j'étreins son corps pâle jusqu'à l'agonie,
Succombant sans effort à cette tyrannie,

Ainsi qu'un pénitent terrassé par le jeûne.
Alors, je sens vibrer mon cœur ivre d'élan
Et il me semble qu'aux lueurs du soir tout jeune,
Envahi par l'extase d'un frisson troublant,

Je me souviens vraiment, en un songe cursif,
Des paradis anciens de forêts primitives.
Vieille âme, éveille-toi ! Fantôme maladif,
Rappelons-nous par delà les morts successives

Les passions inapaisées des premiers jours !
Mais voilà que soudain, par la brise roulés,
De nobles parfums assaillent mes sens comblés
Et emportent mon âme ainsi que des Amours

Qui me ravissent et jusqu'au fond de mon sein
Tressaillent un accord sublime et fraternel.
Bien loin des lourdeurs d'un mirage âpre et malsain,
Un paysage nostalgique et solennel,

Noctifer , Le porteur de nuit

Où règne l'originelle harmonie intacte,
S'élève ainsi qu'un temple de brume voilé
Qu'humecte une crépusculaire cataracte.
Et je vois émerger dans l'azur étoilé,

De vertes prairies et des bosquets ombrageux,
Où des animaux sans nombre, en troupeau superbe,
Se pâment en silence ou s'étendent sur l'herbe.
Tous sont réconciliés. Du lion courageux

Le rossignol même ébouriffe la crinière,
Tandis que le tigre, attelé comme un cheval,
Amène un char garni de flore printanière ;
Et l'étalon sauvage, libre par le val,

Hennit joyeusement à l'approche de l'ours.
Des fruits abondants et comme gorgés de miel,
Voluptueusement, éclatent mûrs et lourds
Sur des arbres dont le feuillage tend au ciel.

Tout respire la paix divine et la confiance.
L'Homme rasséréné, grand, fort et magnifique,
Même lui, cet être damné par sa conscience,
Orgueilleux, méprisant, vil et mélancolique,

Ainsi que les statues des maîtres de la Grèce
A retrouvé sa forme et sa beauté premières !
Les démons de l'angoisse ont quitté leurs tanières.
Mais alors qu'un remord implacable m'agresse,

Noctifer , Le porteur de nuit

Par le poids de ma rêveuse profanation
Oppressé, je lève mes yeux vers l'Infini
Et sens battre mon cœur consumé de passion
A l'approche du spectacle saint et béni.

Tandis que se prosterne toute créature,
Rendue à l'innocence innée de la Nature,
Un cerf blanc des hauteurs domine en majesté,
Non loin de son semblable obscur et détesté.-

Ainsi qu'aux Siècles d'Or maint paladin barbare,
Par la lande ou le bois chevauchant, fatigué,
Ayant traversé l'ombre et mille rus à gué ;
Comme un marin maudit l'inaccessible phare ;

Dans les bois séculaires où le soir vient tôt,
Sur la mousse que baigne un flot perpétuel,
Je veux m'asseoir tout seul et m'étendre bientôt
Pour sombrer à jamais dans l'Oubli éternel.

Noctifer , Le porteur de nuit

Le Ciel de l'Abîme

LXXXII. Le Sanctuaire inachevé

1.

Je vous veux à présent bâtir un édifice,
Peindre et fleurdeliser ainsi qu'un temple infâme
Le séjour parfait pour le repos de mon âme.
C'est un jardin gothique où, grave, se hérisse

Une forêt de pierre aux ténébreux détours,
Dont le végétal dans l'éternité se fane.
Tout n'est qu'un rêve architectural et diaphane,
Dans un dédale hermétique peuplé de tours

Qui parmi l'azur pointent orgueilleusement
Tandis que sommeillent dans l'abîme mouvant
Des douves habitées sous un linceul de brume.

On entend au loin les éclairs d'une tempête,
Ainsi qu'un forgeron qui frappe son enclume
Annoncer d'hors le Crépuscule de la Bête.

Noctifer , Le porteur de nuit

2.

Quand mon esprit gravit les marches principales,
  Vers un couloir obscur et pavé sobrement,
  Un chœur resplendissant de rafales glaciales
  Envahit les tuyaux d'un orgue frémissant

Qui chante à mon cerveau les refuges profonds.
  Et je vais par des salles alignées d'ogives
  Dont la lueur irise aux croisées des plafonds
  Hauts des gargouilles informes et primitives.

Quand soudain des torches au vacillant éclat
Projettent tels des spectres d'un bleu fantastique
  Qui semblent me guider tantôt de ci, de là,
  Ainsi qu'une constellation électronique

Dont chaque étoile imite un pompon suspendu
  Au firmament lointain de la voûte céleste.
  Retournons-nous un instant, -me voilà perdu.
  Je traverse des immensités d'un pas leste.

Dans la nuit, j'entre sur le seuil d'un grand caveau
Qu'ornent tous les fleurissements d'un noir palais.
  Et dans cet explorable et somptueux tombeau,
  Je descends par des degrés de marbre qu'un dais

Noctifer , Le porteur de nuit

Calfeutre de sa pourpre et poudreuse parure.
Royaume des serpents, songes désincarnés,
Entraînez-moi dans vos vieux antres de luxure,
Et qu'enfin mon âme entre en vos couloirs damnés

Ainsi qu'un alcyon qui plonge dans la fange.
-Que mon regard contemple la Goule aux cent gueules
Comme on tend aux appas inachevés d'un ange ;
Et puissé-je sombrer où les cloportes seules

Rampent dans la pénombre d'un vaste ossuaire,
Au milieu d'un rêve aux indistinctes voilures
Où mes vains souvenirs trouveront un suaire
Parmi le doux reflet des antiques armures.

Alors, je poursuivrai ma route par le gouffre,
Semblable au pèlerin des abîmes dantesques
Où stagne un air vicié dont suinte le soufre
Dessus les portes closes des antres grotesques

Emplis de chimères aux masques héraldiques.
Et nous irons par l'escalier aux oubliettes
Froides, enfumées, sans âme et cataleptiques,
Que des chiennes ailées surveillent, inquiètes,

Et qui semblent lancer un affront à la Vie
Dans leur majesté imposante et minérale,
Tandis qu'emprisonné, le monstre de l'Envie
Hantera cette étrange harmonie sidérale.

Noctifer , Le porteur de nuit

3.

Il est des escaliers qui jamais ne finissent,
Si bien que le Temps même devient relatif.
Ainsi, par des échelons que les ans polissent,
Je vais d'un pas monotone et contemplatif

Que presse le désespoir de l'incertitude.
Ne sachant plus si je monte ou si je descends,
Je progresse, insensible dans ma solitude,
Parmi le néant noir des mirages absents.

4.

En des couloirs voûtés qu'aucun ciel ne dégrade,
Véritable miroir des salles du dessus,
Ainsi qu'un entonnoir qui s'abîme en cascade
De grès symétriquement, vont inaperçus

Des fantômes pareils à des orbes abscons
Qui scrutent de leurs yeux scintillants et blafards
Dont le silence évoque un langage sans sons,
Les intrus. Des toiles plus vraies que des placards

Semblent des niches comblées de scènes grandioses,
Magnifiées dans une immobilité sereine,
Qui disent au regard : -Avance, si tu l'oses !
Une beauté surtout, dont s'empourpre la traîne

Noctifer , Le porteur de nuit

A la rose pâleur de sa gorge distraite,
Dessus son cache-nez d'hermine mouchetée
M'observe en trompe-l'œil, indécise et discrète.
Mais cet ange timide à la peau veloutée,

Bientôt risque sur moi une œillade implorante
Ainsi que Clarimonde au diacre Romuald,
Achevant de me basculer dans la tourmente.
Je songe à une nixe, une fée de l'Auwald

Dès longtemps oubliée. –Sublime incarnation !
Soudain, je sens me bousculer un courant d'air.
J'ai froid ; qu'advient-il ? Une inique incantation
A surgi de mon sein, obnubilant un nerf

Jusqu'à la lèvre, ainsi qu'un spasme articulé.
D'un éclat ironique embrasant ma vision,
Une vapeur prend forme ; tintinnabulé,
Un globe ceint en deux explose à profusion

Un prisme d'arcs-en-ciel aux multiples couleurs.
Or, la devinant à travers de chastes pleurs,
Dans un cocon fibreux, je vois une fée blonde,
Vibrant comme elle étreindra dans sa vaste ronde

Les fleurs qu'un souffle éteint en un frisson verdâtre.
Sous cette coupole aux mosaïques que dore
L'immense expansion de son frison d'albâtre
Comme un réseau de fils de pierre omnicolore,

Noctifer , Le porteur de nuit

Je pénètre en un fastueux palais d'orgie
Que des Bacchus inondent d'un flot –Sont-ils treize ?-
De rubis qui rougeoient ainsi que de la braise
Au fond d'un pot, au tremblement de ma bougie.

Des colonnes d'un ordre énorme et corinthien
Font les arbres sacrés de ce temple sylvestre
Dans un décor que n'aurait pas renié de Maistre !
D'un air de Traviata, fraternel et ancien,

Ici, la plastique se grise, et la musique
Trouve une expression dans cette forme mystique.
La *pathologie*, poésie chère aux prophètes,
Exprime dans le roc l'abondance des fêtes,

Semblable aux tragédies des adeptes de Pan.
Et cette déraison grandiose et primitive
Dans la dérision puise une ivresse lascive,
Et dans la ruine du corps, un plaisir brûlant

Comme le désir, l'amour et la cruauté.
Il est des étendues aux confins du *Groenland*
Où le soleil irise d'un éclat bleuté
Un chas de verdure aux cristaux semés de blanc.-

Là, tout resplendit d'un feu sauvage et impie,
Barbare et étranger ainsi que la Nature.
Et chaque pierre écrue chante la démesure
De cette ogive accrue que guette une harpie.

Noctifer , Le porteur de nuit

Tandis que mes yeux s'élèvent dans les arcades,
Sur la clef de voûte, où son arrête soudain
Se complique en un entrelacement d'airain,
J'aperçois un puits rond et annelé de grades

Qui s'engouffre en l'air des profondeurs azurées
Comme une bouche ouverte aux éthers de l'Eden.
Et dans le couloir de cet impossible hymen,
Le vertige se mêle à l'extase. Epurées

De toutes les lourdeurs de leur lointain reflet,
Au fond, je crois rêver des sylphides qui plongent,
Nées d'un cristal de roche et dont les bras s'allongent
Vers l'inaccessible ainsi que l'ange replet

Qui hante les cieux de l'allégorie baroque,
Pour porter secours à d'invisibles noyés.
Mais or que dans la salle, un bacchant tel un phoque
Se roule au milieu des convives avinés,

Un jeune éphèbe, parmi ce joyeux banquet,
Joue de sa lyre avec un air mélancolique.
Et de ce ciel restreint, lui tendant un bouquet,
Une Elfe le regarde, amère et pathétique,

Ainsi qu'une fleur au milieu d'une clairière.
Un mince rais que lance l'éclat d'un saphir
Semble une larme effilée de sa paupière,
Qui brille d'un feu bleuâtre avant de mourir

Noctifer , Le porteur de nuit

Dans la main, dont la veine évoque la fièvre,
De son amant pétrifié pour l'éternité.
-Allons à présent où *doit* se taire la lèvre
Par les jardins glorieux de l'Inutilité !

Cheminons jusqu'au temple unique et sans modèle,
Où l'immobilité en son règne impassible
Incarne la Beauté sublime et éternelle,
Cet orgueilleux et chaste amour de l'Impossible,

Dans la hauteur sublime de sa finitude.
Et nous vivrons dans la recherche inachevable,
Non loin d'une fontaine où Vénus se dénude,
De la Perfection, ainsi qu'en une fable.

5.

Voici venir le temps des élévations !
Il me semble que mon existence évolue
En des cercles dont l'aire, toujours plus ténue,
Imite internement les désincarnations.

Je connais un lieu-dit, quelque part au Maroc,
Où l'on mène le soir une épouse adultère,
Et par un trou maudit, pratiqué dans le roc,
La malheureuse doit passer le bras sans faire

Noctifer , Le porteur de nuit

Le moindre geste avant d'y être autorisée.
Si le mur justicier se referme à grand bruit,
Elle niera de son péché le vivant fruit
Et du village entier deviendra la risée.

Ainsi je vais passant les portes de l'épreuve ;
J'ai l'impression que je goûte aux fleurs défendues,
Toujours découvrant une ivresse forte et neuve,
A chaque fois que mes extases éperdues

Franchissent l'un des seuils de la contemplation.
Vigueur, vertu, devoir : tout prend un sens plus vaste !
Même, il est des entités qui sont à la caste
Des êtres supérieurs une dérision !

Les animaux, les hommes, les esprits furtifs
Sont le miroir troublé de dieux élémentaires,
Eux-mêmes adorant les fantômes craintifs
D'autres divinités encor moins débonnaires.

Et ces monstres abjects ne sont que les démons
Des Anges de l'espoir et du Dieu de lumière !
C'est ainsi que j'ai érigé, pierre après pierre,
Un château pour mes rêves, par delà les monts

De l'incrédulité, dans l'univers des songes.
Voyez les grises fleurs de mon fief carrelé,
Où rampent parfois des serments pleins de mensonges
Et la dualité d'un cœur écartelé

Noctifer , Le porteur de nuit

Par les extravagances de la Raison pure !
Voyez la destruction d'un cœur ruiné par l'Homme !
Et descendons plus loin que l'antique Sodome,
Où tout n'est qu'artifice, luxe et conjecture.

6.

En une chapelle aux excavations secrètes,
J'aime à m'arrêter, et avant d'aller plus loin,
A faire l'examen de mon âme avec soin.
Au détour d'une caverne aux sources fluettes,

Je vais d'un pas silencieux parmi les colonnes
Que forment en joignant le faîte de leurs cônes
Les pics rocheux et stalactites, qui s'entrouvrent
Sur l'immensité de fournaises que recouvrent

D'une chape évaporée des lacs en fusion.
Alors, je me souviens qu'ainsi qu'un agrégat,
Malgré les apparences de leur désunion,
Chaque essence confond l'Alpha et l'Oméga.

Noctifer , Le porteur de nuit

7. Jardin minéral

Dans un paradis luxuriant de plantes grasses
Qu'éblouit la pluie d'une lumière irisante,
Taillées dans l'émeraude aux soleils des rosaces,
Loin des *jungles* où grouille une vie palpitante

Dans l'atmosphère humide infestée de moustiques,
Partons pour la serre emplie de pépites d'or
De mon palais aux mille donjons fantastiques.
Là, nulle chaleur ne vient troubler de mon for

Les sublimes révélations intérieures.
C'est une forêt dense, étrange et tropicale
Où s'épand ainsi qu'une frange au long des heures

Une cascade aux mouvantes lueurs, glaciale
Et figée dans sa coulure en un flot de cire
Que ce songe arabesque jamais ne respire.

8.

Aux fumées des spires en volute aspirées
Que je vois s'exhaler de gueules végétales
Comme les liserais d'un luth aux fleurs variées,
Des filaments d'airain, canevas de mygales,

Noctifer, Le porteur de nuit

Les maintiennent ensemble en des violes branchues
Comme des toiles d'argent, ou tels ces caissons
Offerts aux Vents pour entendre le chant des nues
Que l'on voit en Afrique accrochés sur les troncs

Et qui peuplent les forêts de bruissants murmures.
Je me plais à promener entre les ramures
De vert étoilé, lucioles qui ne scintillent

Que du feu intérieur propre aux pierres précieuses,
Mes rêveries dorées dont les couleurs vacillent
En ces pleurs ainsi de déclinantes veilleuses.

9.

Au milieu d'un déluge éboulé d'escarboucles,
Où la forme est un son, les teintes une odeur,
Tel un mélange évaporé parmi les boucles
D'un effluve d'agate éblouie de splendeur,

J'avance en évitant des réseaux prismatiques
Comme des rideaux. Et tandis que je contemple,
En pensées marchant sous les arcs de grands portiques,
Le seuil béant taillé dans le rocher d'un temple

Que je devine au travers de ce Niagara,
Je me souviens que tout cela n'est qu'artifice
Et je me réveille aux confins du Sahara.

Noctifer , Le porteur de nuit

Mais or que je lève, ainsi qu'en un précipice,
Mes yeux mirant l'architecture immatérielle
Des hauteurs, j'entre dans la cité éternelle.

LXXXIII. Crépuscule exotique

Le vertige m'habite ainsi qu'un vieux fantôme,
Errant le soir parmi le vestige écroulé
Que ma pensée dévore en multiple rhizome.
Mon crâne est la ruine antique de la Boulê

Offerte en pâture aux lions de la ciguë,
Où pleure une anémone amère et vénéneuse.
Parfois embaumé par cette hybride ambiguë,
C'est une palmeraie nomade et doucereuse :

Quand ma raison s'enivre de chaleur sapide,
Mon âme en ses allées marche d'un pas rapide ;
Et je découvre en tardant paresseusement

Parmi ses détours, un horizon tropical
Où mon esprit s'abîme à prier en dormant
Entre les bras énormes d'un ange orbital.

Noctifer, *Le porteur de nuit*

LXXXIV. Ciel d'hiver

Ce matin, le clair de lune est parfait.
Dans un disque argenté qui nage au firmament,
La déesse se pâme et prend un bain de lait.
Le spectre de la neige est immanent,

Auréolé d'un ménisque funèbre.
L'astre du jour que cerne un halo de ténèbre
Jette l'éclat blafard de ses lueurs diffuses,
Encor par quelque éclectisme assoupis,

A mes yeux flottants comme des méduses.
Les lampes de chevet semblent des chiens assis
Dans l'ombre du soleil nouveau et imminent
Qui d'un vivant sommeil, timide, attend.

LXXXV. Extrémités

Perceval vécut en simple et fut dit le Fol.
C'est un corps fait esprit qui parmi les corps souffre.
Souvenez-vous de Wagner le tout premier sol
Qui surgit, ange de lumière au fond du gouffre !

Je vais à mon niveau, gueusant le Paradis,
Tel un aventurier des contrées éphémères.
Et laissant çà et là quelques vers étourdis,
Dont Klingsohr hante le jardin de ses chimères,

Noctifer , Le porteur de nuit

Qui tombent comme un grain de musc en une église,
Je suis pris par moments d'une langueur exquise
Que je ne comprends pas et qui porte mon cœur

Ainsi qu'en un calice ineffablement chaste,
Bien loin du monde inique, exécrable et moqueur,
Aux confins de l'éther voluptueux et vaste.

LXXXVI. Restons romantiques

Que l'inaccessible soit dans l'idée,
Pas dans la forme ainsi qu'on l'occulta.
Mainte amour fut en vain dissimulée,
Souffrant, sous des faux airs de corrida.

La Beauté, bien loin du secret réside,
Dans un royaume empli de volupté.
Sur un trône lumineux et splendide,
Passive, elle susurre un chant flûté,

Plein de mystère et d'infinie douceur.
Humant l'air poisseux qui sent la sueur,
Cloîtrée au cœur d'un entrelacement

De vers, la fée se meurt en son Parnasse
De verre ainsi qu'en un cachot de glace.
Un parfum précieux flotte autour, qui ment.

Noctifer , Le porteur de nuit

LXXXVII. Louez la Matière

La foi mahométane, et bien d'autres encor,
Ont sacralisé les lettres I, OU et A :
Le Verbe à l'origine est un *Alléluia*.
La Matière a cristallisé de son Mentor,

L'Esprit, lui concédant, sur le plan symbolique,
Le pouvoir d'évoquer par delà la distance
L'Autre Monde et, en excès, la correspondance
Entre eux. La Philologie, de manière aulique,

Lorsqu'elle invite à songer, a-t-elle le droit
De revêtir les couleurs de l'Art à l'endroit
De son but immortel : sentir et inspirer ?

Trop souvent la Science et le Progrès imbécile
Ont, à couvert, auprès d'Invidia conspiré !
Ne faisons pas exprès : ce serait trop facile.

LXXXVIII. Vade-mecum

Orgueil et passion :
Pour les objections,
Voir l'introduction
Des *Contemplations* !

Noctifer , Le porteur de nuit

LXXXIX. La Saison de l'Artiste

A l'heure où l'hiver qui vient de vibrants grelots
Ebruite dans son van le souffle de cristal
Et se crispe ainsi que des frissons de sanglots
Que le vent fait perler dans l'air rare et vital,

Le fil des longs ans par le chas nocturne et bleu
Des cascades gelées se mêle à mon esprit.
Et je vois au travers de cette urne de feu,
Comme le ruisseau clair qui palpite et qui rit

S'évapore dans l'air des cimes éternelles,
Le soleil étaler son dictame aux airelles
Dessus les hauts monts étoilés de meurtrissures.

C'est la beauté sérénissime et immobile
Du grand froid qui vient secouer d'un chant débile
L'enduit enveloppant de ses fines glaçures.

XC. Ressouvenir

Mon âme hante une Norne inspirée par la lune.
Et sous l'œil morne de ce génie tutélaire,
Cette enfant gâtée gémit sans savoir se taire.
Il me vient en mémoire un roi de Pampelune

Noctifer , Le porteur de nuit

Qui bientôt perdit tout pour avoir trop souhaité
Obtenir les faveurs de sa nouvelle épouse.
Ainsi, bravant la vie, va la témérité
De ses aspirations obstinément jalouse.

Mon désir, cette arche au port céleste amarrée,
Rêve en silence de l'océane contrée
Où un vent jeune à nouveau enflerait ses voiles

Quittant le zéphyr pour l'Aquilon des drakkars.
Et fracassant l'onde en fureur jusqu'aux étoiles,
M'engloutir, peu importe, en l'un de leurs écarts.

XCI. L'Engoulevent a passé

Combien de jours, combien de nuits de perdition
Encor me retourner et fouiller le rucher
De mes espoirs ternis par la désillusion,
Solitaire et taciturne ainsi qu'un rocher,

Afin de me résigner à ne plus vouloir !
Je peux bien explorer comme un pèlerin sage
Les mystères de Saturne et le long couloir
Des imaginations. Il me vient un présage

Qu'au Jugement Dernier, les Anges dans leur ronde
Oublieront mon fantôme en son gouffre abyssal.
Et mon esprit charnel se souviendra d'Upsal

Noctifer , Le porteur de nuit

Où il errera parmi les ruines du monde,
Et tel l'aigle embrasé par le vent du matin,
Je verrai s'embrasser l'Ondine et le Malin.

XCII. Voluptés infernales

Lucifer est un *Christ* portant des profondeurs
La lumière au monde obscur, et la connaissance
Ainsi qu'un cristal embrasé par la souffrance
De la Géhenne emplie de trompeuses splendeurs.

Et ce fleuve où découle, amer comme un baiser,
Un pleur de succube, dont les sanglots dégagent
L'Erreur, me grise en frémissant d'une ombre où nagent,
Dans un flot envoûtant au charme singulier,

Mille Anges pervers, applaudissant ma faiblesse.
Et sous l'arbre où rit cette innocente diablesse,
Mon âme ivre succombe et se cabre de peur,

Tandis que la goule avide en jouissant me mord,
Devant la vertigineuse et pompeuse ampleur
De l'angoisse où s'incarne mon cuisant remord.

Noctifer , Le porteur de nuit

XCIII. La Part de l'Autre

Prométhée fut enchaîné sur le roc humide
Pour avoir livré, -sans griffes, ni crocs, ni laine,
Le secret des dieux jaloux à l'engeance humaine.
Aucun Ulysse, Æneas ou preux Atride

Pour l'arracher aux vautours n'accourut rapide,
Et tous vouaient un culte au ténébreux Silène !
Le règne de Pallas abolissait sa reine
Ainsi qu'une sirène autour de l'Atlantide,

En un songe enfermée par les rais de Mesmer,
Errant à l'abandon parmi les loups de mer,
Les requins et les thons. O demeures profondes

Aux étranges palais qui baignent dans la nuit !
D'entre tous les enfers des nymphes vagabondes,
J'aime vos rêveries, vos pleurs et votre ennui.

Noctifer , Le porteur de nuit

XCIV. La Tige cassée

Végétal grelot,
J'entendais le ruisseau bruire
Ainsi qu'un sanglot
Et le vent en écho rire
Parmi les bruyères.
C'est que blottie dans la vase,
Tout au creux des pierres,
Sa rosée de colocase
Gloussait à la ronde
Un murmure aigu

Telle une flûte, ambigu
Dessous l'orage qui gronde.
Or la belle effarouchée
Retint fort ses larmes,
Bientôt par la mort fauchée,
Comme un fléau d'armes
Suivi d'un galop sauvage,
Emportant sur son passage
D'une amour macabre
L'harmonieux cadavre.

XCV. Nostalgie de Cythère

Sur un îlot farouche environné de brume,
Mon cœur songe en silence à ses amours passées
Comme un navire égaré dans le Temps. Bercées
Par le vent de la forêt, en aval, qui fume,

Mes pensées ont embarqué pour le souvenir.
Et tandis que s'évertue ma tempe muette,
Saturne de sa fourche attise la tempête.
Au tardif crépuscule, alors, je sens frémir

Le gravier de la berge. Et comme un nouveau monde,
Au fond de mon esprit, je découvre dans l'onde
Un rivage inaccessible dans l'air qui tremble,

Où tel un ange Sentha soupire en rêvant
Or qu'elle attend le Hollandais qui me ressemble
Et dont reflue l'épave, emportée par le vent.

XCVI. Le Faux-Témoin

Je n'ai qu'embarras de la lutte et de l'affront.
Exilé, tel un vieux loup chassé de la meute,
Mon orgueil se rit de l'orage et du typhon.
Je vois passer en bas le fracas de l'émeute

Noctifer , Le porteur de nuit

Ainsi qu'on chasse un mauvais rêve ridicule.
Et foin ne m'émeut hors ma plainte égocentrique
Qui pour se justifier devant rien ne recule,
Même le meurtre et la lubricité tantrique.

Je suis le fossoyeur des gloires incertaines,
L'usurière affublée qui secoue ses mitaines
Or qu'une main gantée par la fesse l'invite ;

Je suis l'ingrat, le fils avide au regard terne ;
Je suis le bourgeois satisfait de son mérite ;
Je le confesse enfin : je suis l'homme moderne.

XCVII. Sonnet vigoureux

Ils gravissaient les monts,
Toujours vifs, en alerte !
Nageant tels des saumons,
D'un œil grave et alerte,

Les anciens savaient vivre
Au pays ténébreux
Où les guettait la Vouivre
Sur les massifs brumeux.

Noctifer , Le porteur de nuit

Ils avaient fière allure,
Et de Mère Nature
Pratiquaient tous les sports !

Le pain nourrit le corps ;
Le vin rend fort l'esprit.
L'homme, à présent, périt.

XCVIII. En était-ce une

Nymphe aux cheveux plats qu'un instinctif ægypan
Effarouche en songeant, sans rien dire à personne,
D'un regard capricieux ainsi que le Serpent,
Je t'immole au rêveur autel de Perséphone.

C'est une grotte abjecte où l'élégie se meurt
D'Isis, la noble déesse à l'humble coiffure,
Craignant l'adversité de son horrible sœur.
Un zombie se promène avec l'instable allure

D'un chevalier banni s'obstinant à l'affront,
L'œil vague ainsi qu'un loup qui marcherait d'aplomb
Et d'un air louche et fier dans un marais morbide.

Furie mort-née de quelques fugitifs instants,
Comme une image subliminale en le vide
Où planent dans la nuit de noirs engoulevents.

Noctifer , Le porteur de nuit

XCIX. L'Interprète

Aux tréfonds de mon âme, il est une lacune,
Un vide incomblable et profond comme un caveau,
Qui s'affaisse en l'ensablement de mon cerveau
Et creuse le contour d'une sombre lagune.

Dans mon crâne à l'étroit où germe en son cerneau
L'amour de l'Illusion, sans tolérance aucune,
Qui regagne son droit ainsi que la rancune,
Contenu déjà, tel un arbre en un noyau,

Croît la similitude austère et sans visage.
Et ce tiers se dresse, orgueilleux, sur le rivage,
Au sommet d'un rocher par la raison noyé

Ainsi que l'Atlantide et Savannah-la-Mar,
Massif corallien sous l'océan déployé
Comme un écrin limpide empli de cauchemar.

C. Fleurs musicales

La pensée s'ouvre et ploie son frémissant pétale
Au caprice ordurier des pollutions chimiques.
Mon cœur est un pavot, tel un violet Tantale
Qui porte à l'inconnu ses parfums pathétiques

Noctifer , Le porteur de nuit

Comme un soufflet asphyxié de pulsions sapides.
Mais tandis que du vent d'été le violent asthme
Hérisse les roseaux tels des sifflets stupides
Sur les berges du Léthé, s'emplit de fantasme

L'orgue en osmose avec la mécanique ardente
De mon corps physique. Alors, je conçois bien mieux
L'orgasme inconscient et qui va toujours *andante*
De la plante égouttant son principe infectieux

A l'asphodèle ainsi qu'un venin étranger.
La plainte phtisique, apanage héliotrope,
Et modèle aussi, fleur de la Lyre en danger,
Inspire de mes vers l'inextricable trope.

Que d'harmonies, pourtant, et que de notes riches,
Ainsi que les roses d'un jardin de magie,
Explosent par endroits à l'orée de mes friches !
Ma pensée qu'habite un soupir de nostalgie

Où éclot par instants l'idée comme une graine,
Evente son pistil chargé d'aigre frisson
Et darde dans mon cœur le remord, ce harpon
Qui me tire et jusqu'au fond du gouffre m'entraîne.

Noctifer , Le porteur de nuit

CI. Que voulons-nous vraiment

Tout est là

« Quel est ton rêve ? –Avoue, âme vindicative !
Ton vœu le plus cher, ton regret et ton ennui,
Le doux tourment qui te hante en secret la nuit.
D'une manière exacte, claire et subjective,

Dis-moi ta volupté la plus élémentaire,
Ton désir le plus chaste et le plus impérieux,
Simplement, sans artifice et sans commentaire.
Une question pareille exige du sérieux. »

Je dirais, maître Kobold, mon démon retors :
Un éther lumineux et fécond en extases,
Assez semblable au royaume éthéré des Ases
Où le Walhall se dresse avec ses châteaux forts

Parmi la brume évanescente des hauteurs.
C'est un vivant nimbe, un Léthé que vaporise
Le souffle sensuel d'une ondine insoumise
Aux lois de gravité de nos mondes trompeurs ;

Une narcose où plane aux côtés du Seigneur
La Sylphide angélique, adorable et placide
Qui vers moi d'un regard passionné mais candide
Me rappelle aux amours de mon être intérieur.

Noctifer , Le porteur de nuit

CII. Les Pléiades

Malgré le monde austère, il en est quelques uns
Qui hantent les jours gris de mon cœur oublié.
Aux Démons de la Terre extirpant la pitié
Des forêts millénaires et des marais bruns,

Il reste une engeance éternellement oisive,
Aimant la Muse amère, brusque et possessive,
Qui plaît à mon esprit démangé de remord :
Ce sont les mal compris, les rétifs que le sort

Jette dans le ridicule avec un poncif,
Tous ces fils d'un temps crépusculaire et tardif
Qui de la Musique envient le chant implacable

Et que la sympathie de la Fortune accable.
Ma fierté dédaigneuse aime ainsi les myriades
A contempler son enfer parmi ces Pléiades.

CIII. L'Espoir spirituel

Vivons tant qu'il est l'heure ! Et vers celui-là même
Qui nous terrifie –l'Instant, cet abîme-, allons,
Les yeux dans nos pensées parmi la foule blême.
Qu'un éclat miroitant nous éblouisse aux sons

Noctifer , Le porteur de nuit

Majestueux des cors vibrants à l'unisson
D'un monde apollonien à notre démesure.
J'entends un chœur céleste avec une voix pure,
Au profane interdit par l'Imagination,

Chanter des contrées infinies et fabuleuses
Où, saintement, resplendit dans le crépuscule,
Tout un monde enfoui de cités merveilleuses.
Tandis qu'en mon esprit la féerie pullule,

Je suis enfin fidèle à mon premier espoir,
Quand m'étreint à nouveau la Sylphide boudeuse
Qui m'enivre de sa mélopée douloureuse,
Et je retrouve en vain la force de vouloir.

CIV. Le Respect du Mystère

Tout esprit éperdu par la Splendeur Totale
Chevauche entre le double écueil du compromis,
Comme une raie qui prend la vague et le roulis
Sans jamais pénétrer dans la mer abyssale.

L'Amour seul hisse en l'air l'ancrage des passions
Qui leste entre deux eaux comme un flotteur au large
Le bateau qu'équilibre le poids de sa charge,
Et que narguent dans leurs ébats de papillons

Noctifer , Le porteur de nuit

Des poissons volants dont la nageoire est une aile.
Les frileux, dans un battement diaphane et frêle,
Prennent un élan sinusoïdal et prompt

Qu'un bond libre hors des flots vers la hauteur compense.-
Ainsi la foi humaine et toute sa conscience
Que maintient le fardeau de la Superstition.

CV. Salon d'autrefois

Le baroque apparat de cour sous la Régence,
Dans l'horizon moderne inavouable intruse,
Evoque à mon esprit tourmenté par l'absence
Un madrigal ancien dont la tristesse amuse

De la jeunesse en fleurs l'ironique insouciance
Ainsi que d'un barbon la vieille cornemuse.
Un monde évanoui de luxe et d'élégance
-Eh ! pourtant que de faste, ô prêtre de la Muse !-

Déroule épanoui ses roses en guirlandes.
Sur un fauteuil de velours que les sarabandes
Ont usé de leurs farandoles désuètes,

Je laisse aller mes fantaisies désabusées ;
Et il me revient à travers les oreillettes
Un air d'antan qui rassérène mes pensées.

Noctifer , Le porteur de nuit

CVI. Par les Cercles du Temps

Si je croisais dans la ville un homme en frac noir,
Surgi du passé par un heureux accident,
Et téléporté tout à coup sur un trottoir
Grouillant et empesté du moderne Occident,

Ma compassion le prendrait en charge. Et qu'il fût,
Ainsi qu'Octavien, rêveur, piteux et hagard
Dans la Pompéi dernière errant à l'affût,
Du siècle romantique ou d'un autre au hasard,

Je lui dirais la course insensée des voitures
Et je le guiderais sur les routes futures.
Puis, dans une taverne, à notre aise installés,

Or, faisant preuve d'un courage inconcevable,
J'implorerais de lui l'anamnèse ineffable
Que l'on attend avec patience des aînés.

CVII. Dénouement

Mon for où se déroule au seuil l'irréel drame
D'un Neuschwanstein écroulé de désillusion
Creuse un dédale où mon œil cherche la Toison,
Or que d'un verrat cornu retentit le brame.

Noctifer , Le porteur de nuit

C'est un fort à l'abri de la foule écarlate
Où mon âme ingénue se promène à loisir,
Buttant quelquefois sur un sale souvenir
Dont la pourriture ainsi qu'une pomme éclate.

Il me semble sans fin qu'une incertaine éclipse
En cette vaine et fantastique Apocalypse
Se devine au fond de mon âme exténuée :

Mais un fantasme indélébile en tapinois
Me contemple ardemment de son regard narquois
Comme une angoisse débile et diminuée.

CVIII. Le Géant et l'Anguille

Au fond des salles embrumées d'un rocher creux,
L'Ennui, roi des Trolls dans sa caverne glacière,
Lance un rire inquiétant sur son trône de pierre
Qui résonne et s'enrhume en mon cœur langoureux

Comme un coup de cymbale au milieu du silence.
Un hoquet cynique emplit de l'instable fosse
Le tertre où l'Amour chante avec une voix fausse.
Entre ses bras, le Serpent de la Connaissance

Noctifer , Le porteur de nuit

Se prélasse et prend l'air d'une goule anémique
Qui glousse en esquissant une affreuse mimique.
Mais dans cet antre obscur que la Raison célèbre,

Enlacée comme au bras d'un géant alangui,
Se dévoile à mes yeux un vitrail de ténèbre
Où filtre au lieu du jour le Néant de l'oubli.

CIX. Canevas

Lentement, la Mémoire
Tisse sa toile noire
Ainsi qu'une autre Moire

Dont le voile est plombé.
Et comme un filet vague,
Une fois qu'est tombé,
Englouti par la vague,

Des sentiments l'orage,
Son vide sarcophage
S'échoue sur le rivage

Des amours asséchées.
Mais la source nouvelle
Qui renaît des années
Sur son velours ruisselle,

Noctifer , Le porteur de nuit

Et cet ange noyé
Passe, ondin momifié,
Porté par le Léthé.

CX. Catapulte

Il m'arrive en rêvant d'avoir la certitude
D'appartenir à l'infini des éléments.
Autrefois, mon esprit limité par l'étude,
Nageait parmi les glorieux linéaments

D'une contrée d'azur flottant sans limite aux
Portes de l'avenir. Mais la voie s'est fermée
Ainsi qu'un tumulus. Aux instincts animaux
J'ai sacrifié mon corps blême et ma chair damnée.

Avec toute ma passion, j'ai mené la vie
Vaine et blasphématoire, aux démons de l'envie
Servant un culte amer. Car il est à la fin

D'un songe oublié, qu'habite en secret mon âme,
Un univers dont la brume insinue sa trame,
Où je me projette par un portail d'airain.

Noctifer , Le porteur de nuit

CXI. Clair-obscur

La Nuit de son dais bleu et or obscurcissait
L'empire étoilé des sapins en farandoles
Où s'épandaient au septuor de gaies lucioles,
Ainsi qu'une poupée gigogne en un coffret.

La forêt bruissait d'un songe elfique où je flotte
Encor certains soirs vaporeux en m'éveillant
D'un sommeil aussi profond qu'un *guerrier dormant*.
Et devant mes yeux fermés danse la *loupiote*

Qui m'éclaire aux détours d'un périple enfantin
Où m'attend dans le noir maint terrible lutin
Que j'observe en suivant des chemins suggestifs,

Tandis que la blanche Ophélia, tel un grand lys,
M'appelle en son domaine aux camélias plaintifs
Et que je me noie dans son immortel iris.

CXII. Neuschwanstein

Sur une barque au milieu d'un lac de montagne,
Formant une sphère idéale à cette *geste*
Comme un miroir profond du firmament céleste,
Le prince écoute au cœur des forêts d'Allemagne

Noctifer , Le porteur de nuit

Du grave Marc la complainte avec compassion,
Où surgit ainsi qu'un centaure chevalier
L'antique ésotérisme d'un mythe oublié.
Et tandis qu'en un prisme éclate à l'unisson

La voix désespérée des deux amants, s'élève
Ainsi qu'un flot qui sombre en un ténébreux rêve
D'un frisson pur la sublime solennité.

Et cette mélopée, confiante en l'infini,
S'érige en architecture, or qu'on voit pointer
Une forêt de tours dans le ciel de midi.

CXIII.

J'aime hanter certains soirs les fiers châteaux en ruine,
Parmi la mauvaise herbe et les coquelicots
Aux feux du crépuscule arrosés par la bruine
Ainsi que le ventre ouvert de grands cachalots.

Et je vais serpentant par ces chemins d'entrailles,
Croisant du regard quelque aventureux Jonas
Qui se promène au long des antiques murailles.
Un instant, l'ombre me traverse en un frimas

Noctifer , Le porteur de nuit

Qui balaie la brume, or que soudain se découvre
Un édifice argenté dans l'aube du soir,
Plus vieux que les caveaux qui ravinent le Louvre,
Plongeant ses racines en un pluvieux terroir.

J'imagine un vieux palais, somptueux et vaste,
Plein de luxe, au retour des croisades bâti,
Où tout n'est que structure, exubérance et faste,
Tel qu'en voulaient les fils d'Hérode et Topkapi.

Alors, je me souviens des ancêtres glorieux
Qui, rêvant jusqu'où, ma fantaisie, tu te meures
En conjectures, afin de défier les cieux
Scellaient avec du sang, souterraines demeures,

Leurs tours au fil du glaive au sein d'un fort puissant.
Et je revois sans trêve en ce matin nuptial
Le jour plein de mystère où dessous ton gisant
Tu renaîtras dans ton antique Taj Mahal.

CXIV. Le Ciel de l'Abîme souterrain

L'attrait de l'incertain plante un désir sublime
Dans le sein de tout homme épris de merveilleux.
La nuit est plus brumeuse et le soleil luit mieux
Sur le front nébuleux où la passion s'anime.

Noctifer , Le porteur de nuit

Il croît vers la lumière ainsi qu'une anémone
Sur un mont qui se dresse aux confins de l'éther,
Frissonnant dans l'espace aérien, vaste et clair,
Qui montre au libre azur sa gueule de Gorgone.

C'est un caméléon des sphères invisibles
Qui tend sans cesse à des couleurs inaccessibles
Comme l'or du couchant et le bleu du lointain.

Parfois, quand il voyage en des contrées sans noms
De son luth ténébreux jouant, c'est un lutin
Parmi les antres creux des terrestres tréfonds.

CXV. Retour aux Sources

Tel un joyau sur un coussin de soie vert sombre
Qui lourdement s'enfonce et de dense valeur,
Elle a pied dans un ruisseau qui baigne dans l'ombre,
Et végète en un clos d'émeraude moiteur.

C'est une maisonnette au creux d'une clairière,
Modeste mais honnête, avec un petit pont,
Et puis une fontaine, et une haie derrière
Comme au pas d'un bosquet. Familière hutte au fond

Noctifer , Le porteur de nuit

De la brume incertaine et en retrait nichée,
L'ancêtre accroupie broute, singulière aînée
A l'écart de la route, ignorée par les siens,

Ainsi qu'un vieillard sur un banc qui sait l'histoire
Des saisons d'autrefois. C'est de là que je viens
Et que je ressource mon âme en son ciboire.

CXVI. Rétablissement

Quand tu parus, diaprée comme un ange sylvestre,
Et que vint au combat des archers le plus dextre,
Ses deux yeux grand ouverts, il me fit succomber.

Je t'écoute à présent autant que tu es belle,
Comme on boit à la coupe aurorale d'Hébé,
Adorable, candide, ô gente dame-oiselle !

CXVII. L'Horloge funèbre

Un cyclope insomniaque hypnotise mon œil !
L'autre jour, or que j'errais dans une brocante,
Je vis une comtoise avec écrit : « en vente »
Qui ressemblait à s'y méprendre à un cercueil

Noctifer , Le porteur de nuit

Tant son air morne et poussiéreux était sinistre.
Et de son flanc plein de termites engluées,
Soudain, l'être énorme éructa mille huées
En un rengorgement bouffon et gras de cuistre.

Et cet affreux coffre, éperdu dans son délire,
Lançait un *hourra* monotone et triomphal
Qui pénétra mon cœur comme un courant glacial,
Meurtrissant jusqu'à la moelle ma chair martyre.

Sous un portrait d'Omphale ou de Mona Lisa,
Pâle copie, le râle en un cri dédaigneux,
Avec un rire métallique, obscène et creux,
Peut-être étouffant un sursaut, agonisa.

Mais la pendule impassible espère son heure,
Toujours grave et patiente, implacable, ironique,
Et aux projets d'avenir, hélas ! fait la nique.
L'Humour Noir peut bien agiter ainsi qu'un leurre

L'insidieuse férule et braver faussement
Le Monstre immémorial qui bave en sa tanière.
Le Temps nous exténue de son âpre lanière
Comme un bât sur un bourrin plein d'acharnement.

Par les forêts même, un obséquieux émissaire
Nous guette obscurément à travers les nuages,
Et notre âme éternue essuyant ses outrages.
La Nature Humaine, ô ma plus grande misère !

Noctifer , Le porteur de nuit

M'a guidé par les sentiers de la Connaissance,
Où je découvre un univers peuplé d'ondines
Telle une urne à l'envers et bardée de pluies fines
Que borde et ploie le bénitier de la patience.

Et cette cascade, entre un canevas subtil,
Me semble une fontaine inépuisable et dense
Où je puise un secret élixir de jouvence.
(Cependant, la vieille tricote et broie le mil

Avec un crissement mécanique et lucide.)
Mais parmi la merveille où mon esprit s'abreuve
Comme un saumon sauvage respirant le fleuve
Qui gonfle ma poitrine, une idée se décide

Et remonte à la source innée des origines.
Dans le boyau marbré que forment deux falaises
Parées de lianes d'or en noueuses anglaises
Comme une chevelure aux boucles léonines,

Je progresse accrochant ces pendentifs soyeux
De ma rame écorchée par la pierre et le flot.
Et filtrant à travers ce végétal sanglot,
Peu à peu, je devine un horizon radieux,

Plein d'harmonie divine, et qui s'étale, et charme
Mes sens enivrés par une intime intuition
Où mon être en son unicité se confond
Comme un amour perdu dans une chaste larme.

Noctifer , Le porteur de nuit

Un portail gigantesque aux dimensions étranges
S'impose à mon esprit incrédule, et pourtant
L'édifice ondule en un mirage imposant
Comme un clocher dessus les humaines louanges.

Son, odeur, magnificence et pompe unifiés
Forment un amas sombre où, musique à demi,
Un palais d'ambre insaisissable se construit
Avec ses tours et ses clochetons irisés.

Je crois qu'en un matin pourpre et nimbé de rose,
Qu'illumine et transfigure un soleil mystique
A travers une ogive ardente et fantastique,
L'Idole en une corolle azurée repose

Ainsi qu'en un calice ample et spirituel
Un lotus exhalant le parfum de l'extase.
J'imagine en errant, piétinant dans la vase,
L'heure où cessera le Cycle perpétuel.

Et je vois le miracle des temps à venir
-Ou l'espoir d'un passé infiniment ancien ?-
Epanouir son monument dans le lointain
Quand je songe à l'Immortelle au cœur de saphir.

Mais parmi le carnage obscur de ma retraite
Au fond d'un vert dédale aux morbides moiteurs,
Ma synapse endolorie évapore en fleurs
L'éther qui renferme son essence secrète.-

Noctifer , Le porteur de nuit

Comme un aventurier des *sierras* d'Amérique,
Oserai-je alors battre un lumineux passage,
Sous l'effort d'Hélios, jusqu'au pieux sarcophage
Où m'anéantira Ton éternel physique ?

CXVIII. L'Horizon submergé

A présent que le temps a passé, que la ride
A creusé son fleuve au plus secret de mon âme
Et inondé mon sein pluvieux d'un pleur acide
Dont le crachin subtil obnubile la flamme,

Je regrette, en vain, l'ardeur d'un amour timide !
L'incendie d'autrefois sur mon vieux cœur se pâme
Comme un brasier qui couve en un ravin aride.
Temple ancien mille fois profané par l'infâme,

Ses symboles sacrés aux crachats de la foule
Exposés ainsi qu'à la tempête qui roule,
Mes derniers espoirs ont sombré dans l'amertume,

Fantastiques piliers d'une Thulé de glace
Prisonnière à jamais, or qu'au loin se consume
Dans la tiédeur de mai l'or de sa carapace.

Noctifer , Le porteur de nuit

CXIX. Frontispice minoen

Là, tout appartient aux divinités marines.
Un bas-relief où d'étranges poissons hybrides
Portent les chars glorieux d'obscurs Prétitanides,
Et tels de minuscules chevaux que de fines

Lanières d'argent retiennent après l'arête
Semblent liés par un rêve à cet attelage.
Au loin pose un ondin, couché sur une plage
Où, luxuriance oubliée de l'ancienne Crète,

Reverdit un printemps tout de palmes fleuries.
Sur le seuil inondé de vastes galeries,
Tandis qu'un panthéon inconnu se regarde

Comme du fond d'un songe ancien ressuscités,
On croit voir l'océan aux feux du soir qui tarde
Engloutir les murs de gigantesques cités.

CXX. Cauchemar des Sables

Dans une aube évaporée d'or et de cinabre,
Il se dresse impassible et semble une gargouille
Bondie de sa toiture ainsi qu'une grenouille.
C'est une idole extérieure, hostile et macabre

Noctifer , Le porteur de nuit

Qui distille tous les maux de la Terre en elle.
Et la vérole essaime en son souffle empesté,
Cafards, vermines, tempête et calamité
Egrenés par le vent qui tremble sous son aile.

C'est une gigantesque giboulée de braise
D'une forge exhalée qui jamais ne s'apaise.
Mais tandis que la Bête répand sur le monde

Majestueusement sa nuisible semence,
La graine du Péché reverdit en silence
Sous le soleil nouveau de sa gueule profonde.

CXXI. Pavillon noir

Au bord d'un étang dont s'élèvent les moiteurs
Avec une emphase alanguie par le sommeil
De momies prostrées dans un cauchemar vermeil,
J'imagine un lac aux confins des Equateurs

Que guette au lieu de l'anguille, un anaconda ;
Un archipel blafard, infesté de pirates
Ras de parfums pleins buvant dans leurs casemates
Où filtre le jour comme en une véranda.

Les bouffées de pipe ainsi des spires d'argent
Reproduisent dans le silence en s'élevant
Un monde évanescent et peuplé de voilures.

Noctifer , Le porteur de nuit

Tel un fanion doré sur un remugle infect,
S'épanouit trop tard la fleur des pourritures
A la douceur de cet éclairage indirect.

CXXII. Corsaires

Un galion qui tinte et râle ainsi qu'un fantôme,
Entrouvert à moitié comme un coffret d'épices
Flottant à grand péril sur de noirs précipices.
En fond de cale on sent le cèdre au riche arome

Auprès des ponts qui bordent de vieux labyrinthes
Tout charpentés qui semblent d'antiques greniers.
Contre la coque où dansent les fûts des celliers
Remplis de souvenirs parmi les coloquintes,

Un sac éventré déborde et sans cesse exhale
L'or pulvérisé comme une ambroisie spéciale
En un nuage odorant d'ambre, et de bougie,

Et de cannelle, éventé par les frais embruns
De la mer dessus les décombres de l'orgie
Où ronflent les bâtards des Vikings et des Huns.

Noctifer , Le porteur de nuit

CXXIII. Eden aquatique

Parmi des lichens bleuâtres et biscornus,
Mon âme souvent se confond en rêveries
Comme un Lilliputien maître des féeries.
Entre les bonzaïs et les champignons barbus,

Je vois un atoll en turquoise embranchement
Déployer ses coraux ainsi qu'une clairière
Enchâssée dans une iridescente verrière.
Tandis que des sirènes retentit le chant,

Je nage au milieu d'un éther paradisiaque,
Loin du règne animal, prosaïque et opaque,
Tapissé d'une arène où flotte, translucide,

Un linéament subtil, invisible presque,
De planctons vivants en mimétique arabesque
Qui sculpte inconsciemment cette profonde abside.

CXXIV. Servitude

Au rais de quelque lueur, mon cil fasciné
Se détourne d'angoisse en clignant à demi
Ou s'enferme en la sphère enclose du fini.
Devant le chaos vague de l'Illimité,

Noctifer , Le porteur de nuit

Mon esprit fatigué qui cherche son auberge
Comme un égaré la nuit parmi les tourbières,
Me semble un cheval à qui manque des œillères
Soudain effaré en découvrant que la berge

S'ouvre sans fond sur un abîme de ténèbres.
Malgré le dur labeur qui froisse tes vertèbres,
Tu retournes toujours par un instinct servile

Au joug abrutissant qui t'aveugle, et l'usure
Est un baume âpre et doux à ton cuir, âme vile !
Tant ton errance envie du fouet la meurtrissure.

CXXV. Anamnèse

Une brise, une odeur parfois sait éveiller
Du fond de la mémoire un souvenir ancien
Comme au pli d'un voile intemporel égaré.
Or qu'un monde obscurci par une loi d'airain

Tout de braise ardente émerge dans mon esprit,
Des rêveries perdues le familier cortège
Soudainement prend forme, s'anime et revit.
Je suis l'enfant de l'autre côté du manège,

Et qui craint d'être abandonné pendant le tour,
Qui s'époumone avidement, le souffle court,
Afin que ne fuie pas en un instant son rêve

Noctifer, Le porteur de nuit

Pour les années d'une demi-révolution.
Ressurgira-t-il même une seconde brève,
Le regard tant aimé, au quart de la passion ?

CXXVI. Révélation

Elle est comme l'ivresse et la Grande Musique.
Sa voix porte un chant d'allégresse, et d'éloquence,
Avec un *crescendo* grandiose et symphonique,
Emplit mon sein au-delà de sa contenance.

Alors, je me souviens de la Sylphide blonde ;
Et j'imagine une aile à son épaule nue,
Or qu'au jour impossible où, libéré du monde,
Mon cœur gonflé d'un désir plus haut que la nue,

Ce cocon que l'étau de la laideur compresse,
Devant son impassible beauté se fendra.
Et lorsque nous aurons abreuvé de bassesse

Notre âme pure et claire ainsi qu'un distillât,
Dans un élan de convulsion désespérée,
Nous goûterons aux joies perdues de l'empyrée.

Noctifer , Le porteur de nuit

CXXVII. Le Voile de Maya

Quand la coupe se brise en un fracas de bistre
Et coupe le souffle aux transports de la passion ;
Quand l'essor du sublime, ô girouette sinistre,
Tourne sur lui-même avec un râle bouffon

Ainsi qu'un fantôme grinçant qui gesticule,
Dans la nuit blême, la bise hérisse sa pique,
Or qu'aux rais de la lune en pleurs la chouette hulule,
Et rentre dans nos chairs ! Cependant qu'ironique

Némésis se contemple au miroir de Narcisse,
L'existence, ainsi qu'une noire araignée, tisse
Sa toile où vagabonde un soupir grelottant

Dont la rosée qui perle une pluie de sanglots,
Nuée d'étoiles morte aux lueurs du couchant,
Secoue son voile obscur sur le monde à grands flots.

CXXVIII. Matin grisâtre

J'aime pendant l'hiver, quand les rues sont désertes,
De la ville arpenter le dédale où fourmille
Un songe étincelant aux boiseries ouvertes.
Même alors la nue semble opalescente et brille

Noctifer , Le porteur de nuit

Ainsi qu'en un réseau de flocons prismatiques,
Et un calme d'airain règne au lieu du tumulte.
J'ai l'impression d'errer dans les couloirs gothiques
D'un temple infiniment vaste où mon âme exulte

Bien loin d'une urbanité dont la ruche hiberne.
Une blancheur vague absorbe dans le ciel terne
Et reflète en nimbe éclatant sur le bitume

La lumière évaporée des orbes célestes.
Mais du fond de ma gorge, une exquise amertume
S'éveille et engourdit le moindre de mes gestes.

CXXIX. Janvier 2007

Zéphyr secoue sa cape où flotte un crachin sale
Ainsi qu'un grand démon qui postillonne et vide
Les sombres sanglots d'une fureur tropicale
Qu'infectent les moiteurs de son crachat morbide.

Prosternés par le fouet du châtiment divin,
Les arbres par milliers s'abattent sous ses ailes
Où s'engouffre le vent. Je ne suis pas devin :
Bientôt le blanc manteau des neiges éternelles

Noctifer , Le porteur de nuit

Recouvrira d'azur la civilisation.
Alors ceux d'entre nous qui au froid survivront
Erreront à grand pas au milieu des glaciers,

Parmi les stalactites et les ours polaires ;
D'abord frêles et brutaux, puis ardents guerriers,
Forte et magnifique engeance de solitaires.

CXXX. Nostalgie du Poëte

Platon chanta l'apologie de l'Atlantide,
Et doucement glissa dans le *spleen* des pionniers.
Mais de ses créations les génies prisonniers
Dans ce prisme de verre en un rayon splendide,

Souplement, comme un écho nagent dans le lait
Que le nuage vert des vapeurs du Léthé
Emplit d'un peuple éblouissant et éthéré.
Au fond d'un temple cher à Thalès de Milet,

Ils voient disparaître un spectacle iridescent
Où, fleur d'un poulpe endormi, mon double descend
Parmi l'azur de splendeurs architecturales.

Et ces flotteurs contemplent l'empire ébouli
S'engloutir dans l'oubli précipité d'opales,
Tel Pline éploré sur la plage Pompéi.

Noctifer , Le porteur de nuit

CXXXI. Ruine

Le souvenir obscurcit le jour actuel,
Et seul sur nos actions jette un éclat serein.
C'est une île déserte au loin du flot cruel,
La sainte chapelle espérée du pèlerin,

L'auberge et le repos du soldat fatigué,
L'ombre et la grotte où règne un murmure apaisant
Pour le marcheur par des nues de sable aveuglé
Et qu'un *vampyr* céleste épuise de son sang ;

C'est la Nuit promise, enfin aux enfants du soir
Donnée comme un flambeau, ou comme un encensoir
Qu'embrasent les noirceurs d'un Hadès extatique,

Loin du vivant fracas dont la vague implacable
S'acharne sans cesse et brise ainsi qu'un portique
De l'amour du Beau l'aspiration insatiable.

CXXXII. Alchimie de la Mer

Un voile obscur s'insinue en l'éther troublé.
Le brouillard est si lourd qu'il semble de matière-
Un nimbe entre l'or et le plomb intermédiaire.
A l'horizon blafard, la nue paraît trembler,

Noctifer , Le porteur de nuit

Et l'air épais comme en un four vibre sur l'onde
Mobile où se mélange un sinueux présage
Dont le spectre condensé dans ce ciel d'orage
Sur un mirage aux cheveux d'argent vagabonde.

Avec le râle aigu d'un chalumeau de pâtre,
Couverte de limon, dans un halo verdâtre,
On devine à travers cet embrun magnétique

La carcasse évaporée d'une morne épave
Qui passe ainsi qu'un défilé fantomatique
Avant de retourner où l'écume s'entrave.

CXXXIII. Le Temps nous berce

Une araignée repose au sommet de mon sein.
C'est une boursouflure imprégnée dans mes chairs,
Qui vit et respire, accroupie, à mon travers
Comme une sangsue qui verse un baiser malsain.

Il perce, sensuel, de mon cœur la charpie
Que fouille sa chélicère ainsi qu'un couteau
Ou, crabe arboricole harcelant un coco,
Dont la tenaille se resserre et l'éparpille.

Tandis que son bras file un affreux pansement
Pour mes tristes ennuis, la Moire, lentement,
Dans un geste fébrile écope le navire.

Noctifer , Le porteur de nuit

Et mon buste englouti sous ses pleurs de naïade
Se retourne impatiemment, s'essouffle et chavire
Ainsi qu'un jeune enfant sauvé de la noyade.

CXXXIV. L'Ange déchu

Une douceur à mon âme particulière,
Autrefois perméable, insouciante et sauvage,
Comme un monarque avili par un long servage
Dans l'horreur trouve encor une joie singulière.

Mon cœur est une crypte enchevêtrée de lierre
Que son nocturne oubli pare d'un paysage
Emprunté aux plus noirs Morroi du Moyen-âge.
Une aimable ondine apparaît à sa lisière ;

Il meurt d'extase. Mais ce traître, au mois de juin
Pleure et penche ainsi qu'un saule antédiluvien.
C'est que son double être agonise et se désole

Au seuil d'un arc entrecroisé de fins rameaux,
Dont l'œil se trouble et se dérobe à son épaule
Qu'épanche une angoisse ailée d'instincts animaux.

Noctifer , Le porteur de nuit

CXXXV. Le Fauve en nous

D'éternité j'admire les rites barbares
Où s'exprimaient l'audace et la férocité
Des peuples conquérants qu'honnit l'Antiquité.
Quand des pentes glacées, les sauvages Tartares
Ou les Celtes du Nord dévalaient dans la brume
A cheval ou à pieds, triomphants et superbes,
Sur ces terres voilées qu'encor l'orage écume,
Les fers de leurs épées étincelaient en gerbes!
Ils connaissaient aussi la science des herbes
Et vénéraient des dieux mystérieux et cruels.
Comme devait bruire au fracas des duels
L'aplomb démesuré de ces géants brutaux!
Je songe aussi parfois aux subtils Orientaux,
Qui, d'une engeance arabe, ces guerriers nomades,
Ont courbé sous leur joug d'innombrables peuplades.

Noctifer , Le porteur de nuit

Ainsi l'Humanité exprimait librement
Par des actes gratuits sa nature profonde,
Et l'orgueil fabuleux de dominer le monde
Ajoutait aux ripailles de délabrement
Des butins que l'on tait le viril agrément.
Crues et torrents, diversité des sensations;
Vie dure et pleine, déchaînement des passions.
Le goût mêlé de sang du meurtre et des pillages
Rendait le vin plus fort et plus riche à la fois
Et l'horizon plus pur aux flambées des villages
Lorsque l'on conduisait les troupeaux par les bois
En riant aux éclats d'ivresse et de fureur!
(L'homme est plus triste encor honteux de sa laideur).

Mais c'est parmi les tertres de Scandinavie,
Ces fiers monolithes où les bardes germains
Gravaient les runes, immortalisant la vie
Des héros Vikings -et ils furent preux et maints
A gravir Bifrost-, où la mer mugit et râle
A l'orée des forêts de glace boréale ;
C'est au chêne de Wotan, du dieu de la guerre,
Dans l'onde obscure et bleue, que je veux qu'on m'enterre.

Noctifer , Le porteur de nuit

CXXXVI. Le Mythe de Siegfried

1. La Prophétie

Dans les neiges blottie, une hutte rustique.-
Un frêne ancien croît au milieu de ce palais.
Car c'est un chef qu'abrite, dans les anciens lais,
Ce cadre nuptial, sauvage et romantique !

Mais une innocente agonise et se morfond
Sous ce toit de paille où se creuse son tombeau.
Voyez le dieu qui baille auprès de son corbeau,
Et son engeance, oh malheureuse ! sous l'affront

D'un mortel expirer de douleur et frémir !
Mais un soir d'orgie que coulait la mousse blonde,
Un vieillard au cheveu gris de la nuit profonde
Surgit dans la bergerie ainsi que Fenrir.

Alors, le vieux dessous son capuchon grisâtre
Jeta un regard sur cette morne assemblée,
Longtemps, avant de brandir au clair une épée
Qui luisait étrangement à l'éclat de l'âtre.

Et dans un geste inexprimable et prophétique,
Il planta le fer magique au fond du grand frêne.
Puis, quand l'ancêtre enfin mit pied dehors à peine,
Dans un éclair, on vit resplendir un portique

Noctifer , Le porteur de nuit

Sous la lune écarlate. Et soudain tous se turent.
Le frêne à cet éclat avait si sombre allure
Qu'il semblait un blasphème envers mère Nature.
Et les rayons de l'astre pâle au ciel moururent

Or qu'un froid ténébreux s'épandait sur la Terre,
Dont le sein trembla dans un spasme géniteur.
Tout ne fut désormais que désastre et fureur :
Du Ragnarok venait l'âge crépusculaire.

2. Nothung

Ou l'Energie du Désespoir

Le dieu Loge éclairait de sa lueur dernière,
Tout près du frêne ancestral par le feu rougi,
Sieglinde espérant, frissonnante en sa tanière,
Le retour fracassant de Hunding, à demi.

Quand au logis l'appel aboyant du guerrier
Au loin comme un cri de mort-vivant retentit,
Impétueux et sourd sur son fier destrier.
Mais un autre entra à pas de loup, ennemi

Noctifer , Le porteur de nuit

Fraternel, semblable à un animal traqué.
-Thor frappait des géants de son marteau vengeur.-
Un fugitif dans l'antre humide et abhorré,
Que la tempête avait jeté pour son malheur,

Pitoyable, hagard et farouche en la demeure,
Egaré par hasard, de la femme épuisée
De son poursuivant ! –Fallait-il qu'un héros meure
Sans se défendre ?- Alors, il arracha l'Epée

D'Espoir, avec une aisance miraculeuse
Du sein de l'arbre vénérable. Et la puissance
Ardente et inouïe de l'arme merveilleuse,
Que seule eût brisée du Dieu des Vainqueurs la lance,

Emplit son bras meurtri d'une vigueur nouvelle.
Et comme bondie des sommets, irisée tant
Son armure étincelait, parut la Pucelle
Qui mène les preux tombés courageusement

Au Walhall ! -Un château plein de merveille obscure,
Que des piques d'argent et des boucliers parent,
Or qu'avec tendresse et grâce une autre *Walküre*
Porte une corne aux combattants qui se préparent

Jusqu'à l'ère ensanglantée de l'Aube Finale.-
Alors, elle apaisa le rythme de son aile,
Et dit d'une voix sonore, ample et virginale
Comme un vent de fraîcheur sur la neige nouvelle :

Noctifer , Le porteur de nuit

« O fils privilégié du Père des Batailles,
Tu connaîtras bientôt son palais éclatant.
A toi, avant l'heure le joie des retrouvailles ;
Wotan en sa demeure auprès des dieux t'attend.

Aie foi en Brunnhilde, -suis-moi, je t'en conjure.-
Et je te guiderai ce jour, au Walhalla ! »
Mais Siegmund répondit : « Que ce fer te rassure,
O vierge au cœur d'airain ! » Et son bras désigna

La femme endormie, faisant signe de silence,
Puis ajouta, pensif : « Les douleurs de ce monde
Auprès de mon aimée ne valent la souffrance
D'être séparé de mon âme une seconde !

Me conduirais-tu au Walhall, chaste immortelle,
Je ne te suivrais pas, tant me sied mon tourment. »
Mais contre toute attente, avec un sanglot frêle,
La divinité, touchée par un sentiment

Nouveau qui la surprit, décida de venir
En aide aux malheureux, suivant la volonté
Que lui dictait l'amour, et malgré le désir,
Par une lutte intérieure écartelé,

De Wotan qui déjà chevauchait à sa suite.
Et levant son bouclier face au protégé
Du dieu courroucé, la Walkyrie prit la fuite.
Alors le désespoir terrible et partagé

Noctifer , Le porteur de nuit

Du patriarche humilié par sa fureur vaine
Gronda dans les nuées. Et d'un geste coupable,
Il brisa l'épée de sa lance souveraine.
Oui ! Wotan brisa Nothung, l'épée formidable,

Le présent fait à son fils, pour qu'il enfantât
De son propre sang un héros libre et sans peur
Qui vînt l'affranchir de sa dette. Mais l'ingrat
Allait périr sous le fer purificateur

De Hunding ! –Puis qu'il trépasse. Et seule, endormie,
Resta blottissant sur la mousse protectrice
Des bois, son sein où croissait, déjà raffermie,
Le fruit vigoureux de cette union rédemptrice,

La pauvre Sieglinde aux mornes rayons du soir.
Car tandis que son pouls plaintif s'affaiblissait,
Telle une pousse engourdie, vivait dans le noir
Le sang vermeil et nouveau du dieu satisfait.

Brunnhilde impuissante et déchue pleure en silence,
Attachée sur un roc au milieu d'un brasier.
Mais sur cette île éblouie, or que Loge danse,
La vierge attend en songeant à son justicier.

Noctifer , Le porteur de nuit

3. Siegfried

Ainsi vint au jour le héros libre et sauvage :
Innocent, sur le vert velours d'un tapis frais.
Solitaire et beau, tout à la fois ivre et sage,
L'enfant miraculé grandit dans les forêts,

Escaladant les chutes d'eau et les glaciers
Comme un louveteau robuste. Insouciant et fort,
Parmi les vaux abrupts, avec les sangliers
Il faisait la course, et visitait sans effort

L'aigle en son nid périlleux. Joyeux et brutal,
Forgeant son corps, il sut travailler les métaux.
Et endurci au climat septentrional,
Il devint un jeune homme. Avec de grands marteaux,

Sur le plat des rochers, il inventa son art.
Mais un jour qu'il vagabondait près du village,
Un nain difforme s'approcha tel un renard
De Siegfried qui fracassait le fer avec rage.

Devant tant de ferveur, d'abondance de vie,
Le gnome au cœur sournois cependant ricana
Et émit un son rauque et sifflant de poulie,
Puis avec un air méprisant se détourna.

Noctifer , Le porteur de nuit

Mais au bout d'un moment, dans un souffle phtisique
Où gargouillait quelque envie subrepticement,
Tandis qu'il observait, bras croisés, ironique,
Parmi des pluies bleutées ce vain acharnement,

Le Kobold ambigu dit de sa voix d'enfer :
« Ne voudrais-tu pas maîtriser l'art de la forge ?
Car sache que tu as devant toi un expert !
Viens avec Mime, tout au fond de cette gorge.

Là mes apprentis à ce dur métier s'exercent,
Et auprès d'eux seuls tu saurais te mesurer ! »
Alors, Siegfried, vif tel des montagnes qui percent
L'air serein, prit son marteau sur son épaule et

Vers les monts lointains ils s'en allèrent tous deux.
Mais tandis qu'ils descendaient dans la faille infecte,
Sans cesse, avec un grasseyement mielleux,
Le nain encensait de sa mélopée suspecte

Le noble compagnon qui lui faisait confiance:
« Bientôt tu seras de Thor un pair, mon ami ! »
Et dissimulant sa sinistre manigance,
Plein de ruse derrière un faux air de défi,

Il l'entraîna parmi le brouillard sulfureux.
Au pied d'un arbre, les forgerons attendaient
Leur maître et conversaient à la chaleur des feux.
Si le *Sauvage* le souhaitait, ils l'aideraient

Noctifer , Le porteur de nuit

Par leurs conseils à trouver le fer le plus dur
Afin qu'il se forgeât l'épée qu'il désirait
Tant ! Car il savait qu'un dragon féroce et mûr
Dans les contreforts de la vallée demeurait,

Et rêvait par jeu de terrasser ce titan,
Créature abominable à la peau de corne,
Qui régnait sur la contrée ainsi qu'un tyran.
Or le gnome couard lui dit, d'un regard morne,

Que s'il parvenait à travailler ce métal,
-Et il se figurait du guerrier la puissance !-
Malléable à son bras pourtant, sans trop de mal,
Il aurait prouvé son courage et sa vaillance.

Alors, il connaîtrait enfin l'honneur insigne
D'intégrer leur éminente corporation.
Il prouverait sa force et s'en montrerait digne,
Sans doute. Mais d'abord, il fallait du charbon.

Siegfried, habitué qu'il était au péril,
Partit dans les forêts sombres et familières
Sous le beau soleil éclatant du mois d'avril.
Il voyait au sommet des noires fourmilières

Des oiseaux étranges au chant évocateur
Comme de petits esprits métamorphosés
Qui semblaient l'interpeler, et dans la vapeur
Des fanges du marais, des serpents mordorés,

Noctifer , Le porteur de nuit

Onduleux et sages, qui tentaient de le suivre.
L'air était habité d'un murmure incessant
Et la forêt, comme enchantée, paraissait vivre.
Mais Siegfried, hanté par un désir impatient,

Sans voir marchait d'un pas rapide et s'en allait
Vers les tréfonds les plus ténébreux que la voûte
De la sylve argentée par un brumeux reflet
Dans le couchant timoré formait sur sa route.

Et il chemina jusqu'au soir dans la pénombre,
Quand il découvrit dans une clairière alors,
Un gisement délaissé, garni de décombre,
Qui affleurait ; récompensé de ses efforts.

Un morceau de minerai si pur et si beau
Que le fer luisait ainsi d'infimes étoiles
Parmi les liserais du noir et vil terreau.
Longtemps, il contempla la pierre. Enfin, les voiles

Du ciel brumeux se levèrent, et il quitta
Ces parages incertains dessus la colline,
Fier de son butin. Mais en route, il rencontra
Un frêne dépouillé, juché sur une ruine,

Qui semblait calciné, déjà noirâtre et sec.
Pris d'un sentiment familier, confusément,
Cet arbre lui plut. Comme un pic-vert de son bec
Frappait la souche énorme avec entêtement,

Noctifer , Le porteur de nuit

Il décida de l'abattre et l'ensevelit
Dans le sable fumant, puis tassa plusieurs fois
Le terril meuble et bourbeux par dessus ce lit
D'argile, et le laissa mûrir durant six mois...

Lorsque le temps fut venu, le héros génial
Creusa un grand trou, puis attendit patiemment.
Enfin, il plongea le précieux bras de métal
Dans la braise ardente. Alors, ainsi qu'un diamant,

Le fer blanchit et se confondit dans la cendre.
Avec une agilité toute naturelle,
Siegfried à ce moment fit sauter le fer tendre,
Qui brilla du bleu pur de la flamme nouvelle,

Hors du feu sur l'enclume à l'aide d'un bâton.
Or il se saisit d'un marteau si lourd que Thor
Le salua d'un foudre ! et frappa le tison,
Avec un éclair si fracassant et si fort

Que parmi le cercle étonné par ce mystère
Régna soudainement un silence ébahi.
Et là où l'enclume s'enfonça dans la terre,
Puissante et merveilleuse, une source jaillit.

Noctifer , Le porteur de nuit

4. La Malédiction de Fafner

Le guerrier victorieux ayant vaincu la Bête,
Il entendit un oiseau non loin de sa tête
Dont soudain le babil devint intelligible :
« C'est bon, baigne ton corps dans le sang du Dragon,
Et par son pouvoir, tu deviendras invincible ! »
Pour voir, alors, le héros hasarda un long
Pas, dans le flot profond qui coulait de son ventre
Dont le saignement épais formait une mare,
Avec le parfum riche et lourd d'un baume rare,
Qui doucement monta jusqu'à ses genoux. « Entre
Donc ! », dit la grive. Et l'aventurier intrépide
Se plongea, empli d'un frisson voluptueux,
Dans les rougeurs opaques du fumant liquide
Qui bouillait ainsi qu'un chaudron tumultueux.

Mais à l'instant où il allait tremper son buste,
En un courant d'air inattendu, une feuille
Se détacha soudainement d'un proche arbuste,
Volant de-ci, de-là, comme un pollen qu'on cueille,
Et vint se poser sur la colonne fébrile
De son dos, où le cœur bat avec plus de force.
Alors, foudroyé ainsi qu'un nordique Achille,
A cet endroit, il ressentit dans son écorce
Une fêlure irrémédiable et funeste
Comme un furoncle hideux incisé par la peste
Or que le ver expirait dans un râle affreux,
Annonciateur de son avenir ténébreux.

Noctifer , Le porteur de nuit

Un jour, lorsqu'il parut à la cour des Burgondes,
Chevalier étranger précédé du prestige
De sa renommée guerrière à travers les mondes,
Encor une fois l'envie ainsi qu'un vertige
Prit ceux qui se disaient ses amis les meilleurs.
Il éprouva la loyauté de ces seigneurs
Tandis qu'il chassait dans la profondeur obscure
Des forêts rhénanes : un trait bien ajusté
Vint traître par derrière ouvrir une blessure,
Dans son dos, lâchement, et à l'endroit précis
Où le dard seul risquait à coup sûr de porter.
Alors, il lança, le temps de son court sursis,
Un regard plein de tristesse désabusée
A l'assemblée conspiratrice et médusée,
Et s'affaissa, trempant son beau visage pâle
Dans le flot putride et rampant d'un ruisseau sale.

Ainsi mourut Siegfried, le héros sans pareil,
D'un doigt sur la corde, par surprise emporté.
Et tandis que se répandait son sang vermeil,
Des Niebelungs s'accomplit le destin maudit
Où les avait enchaînés leur cupidité.
Et le trésor fabuleux du Dragon nourrit
La discorde et l'envie, et le meurtre, et la honte
Parmi ses possesseurs sans fin, jusqu'à la fonte
D'un anneau fait de cet or au pouvoir mystique
Qui causerait la fin des dieux du monde antique.

Noctifer , Le porteur de nuit

CXXXVII. Au Chêne Wotan

Par une nuit sans lune où de l'orage immine
Le fracas cyclopéen et cataclysmique,
Mon regard monte aux nues qu'un éclair illumine
A travers l'air qu'irise une lueur cosmique.

Telle une main griffue, agrippé sur son roc,
Le vieux chêne, là-haut, rêve de feu barbare
Où des esprits massifs d'une corne d'auroch
Ebruitent comme un sanglot au fond d'une jarre

Le religieux murmure aux confins des grands bois.
Mais au halo chrétien de la ville endormie
Qui couve ainsi qu'un brasier d'or, ses membres froids
Lancent une imprécation dans la brume emplie

D'un grouillement vague où le frisson primitif
Des bêtes, et du ruisseau clair, et de la flore
S'éveille au pied du géant à l'éclat plaintif
D'un ciel de tempête ensanglanté par l'aurore.

CXXXVIII. Thunderbird

Un grand ange écarlate, au fond de mon esprit
Plane ainsi qu'un condor aux entrailles de braise.
Dans un fantastique éclair où son œil reluit,
Posé sur un bourgeon dont suinte le malaise,

Noctifer , Le porteur de nuit

Le moinillon vermeil chante un air hypnotique
Et semble un rossignol à la gorge abyssale
Où je vois dans le feu d'un immense portique
Une contrée d'ambre irrésistible et fatale.

C'est un Phénix, un chaudron d'immortalité
Où parmi les lignes d'argent et les clartés
D'un mandala pleut la profonde éternité.

Plongeons aux rivages ardents entrelacés
D'un sommeil ineffable. Et buvons un whisky,
Au Voyant insondable, à ce bon Bukowski !

CXXXIX. Les Nuages de l'Esprit

Mon crâne est une crypte aux étranges moiteurs
Qu'embaument mille odeurs comme un coffret d'Orient.
C'est une double ogive aux morbides chaleurs
Qu'évapore en spirale un secret flottement,

Qui courent tels de longs serpents parmi la ruine
Disjointe des jours chers comme une cicatrice.
Ce sont les rhizomes du Mal dont s'enracine
Entre mes chairs la chrysalide extirpatrice !

Noctifer , Le porteur de nuit

Et de cette alchimie le nocturne avatar
Sur mon front tourmenté suinte ainsi qu'un nectar
Parmi les pavots mûrs des chemins alentour.-

Le long d'un mur où tombe le lierre en cascade,
Je vois surgir de ces brumes brouillées la tour
D'un château de fumée que mon âme escalade.

CXL. Hymne

Aurore au firmament lance un regard profond
Ainsi que la noirceur pluvieuse de la nuit.
Sur sa chevelure ondulée l'ombre reluit,
Or que se mire au clair de lune un doux rayon

Où flotte un parfum riche, amer et pénétrant
Comme le myrte ou je ne sais quoi d'amoureux
Qui porte mon esprit vers des mondes heureux.
Et sur le rivage obscur de ce fleuve ardent,

Je vois s'épanouir en mon cœur les soleils
Nouveaux et langoureux de ses yeux nonpareils
Qu'emplissent les terreurs de la Muse égarée

Parmi cette harmonie miraculeuse où règne
La majesté virginale et désabusée,
Dans son air ténébreux, de l'antique Sardaigne.

Noctifer , Le porteur de nuit

CXLI. L'Espoir supraterrestre

L'homme dans sa folie parfois du Sort s'irrite
Et contemple, pensif, le bleu de l'horizon.
Aussi quand il s'ennuie de sa mince prison,
Il songe que la Mort à l'embrasser l'invite.

Je veux croire qu'un éther d'azur sans limite
Accueillera mon âme en son vaste giron
Auprès d'un nocturne et aérien panthéon,
Dont Saturne est banni, quand à l'heure interdite

Où mon cœur lâche, enfin ! dans un battement d'ailes
S'envolera vers les myriades éternelles
Du semblable océan où son Mâne était né.

Alors ma chair, après mille métamorphoses,
Lâchera prise, et l'ectoplasme libéré
Traversera le miroir du Nombre et des Choses.

CXLII. Harmonie parfaite

Sélène essorait sur la lagune endormie
Sa chevelure au gré du zéphyr caressée
Où se mêlait le léger sanglot de la pluie
Ainsi que les soupirs d'une harpe éplorée.

Noctifer , Le porteur de nuit

La Lune de sa céleste splendeur s'ennuie.
Et dans ce noir velours, par la brise effleurée,
Or qu'un gémissement propage, épanouie,
Sa lueur incertaine à travers l'empyrée,

Sur la taie de soie d'un oreiller où son flot
D'ébène se déploie explose le tableau
Etincelant et bleu d'un orque des abysses

Venu cueillir un peu de lumière astrale,
Bondissant vers l'azur et gargouillant un râle
Avant de se glisser parmi les algues lisses.

CXLIII. Mélancolie des Danaïdes

La carafe d'Elie verse à jamais de l'huile
Qui mêle en mon esprit sa couleur incertaine
D'un mâle ruissellement qu'une eau souterraine
Coule au tonneau percé des déchets de la ville.

Retrouver un instant l'étreinte inaccessible
D'un frémissement attendri emplissant mon
Cœur ample comme un puits. Qu'au fond de ce poumon
La fontaine asséchée d'un désert insensible

Noctifer , Le porteur de nuit

S'enfle d'un rythme ardent ainsi que le désir.
Où fleurissaient jadis les jardins du plaisir,
Que pleuve un océan de sueurs et de larmes !

Et alors s'épandront les acanthes amères
D'une oasis verte aux imputrescibles charmes
Qui terniront l'harmonie des joies éphémères.

CXLIV. Joyau aimable

Un regard qui ne dit que l'espoir qui lui reste,
Passager comme une traînée de pluie, et preste
Ainsi qu'un ruisseau clair où palpite un saphir.
Une pensée qui souffre et se fane en silence
Mais qui dispense en séchant sa secrète essence.
Or ce sein frêle, opprimé d'un sanglot martyr,

Parfois déborde d'un parfum rare et précieux
Que la fierté noble et troublée, que ses beaux yeux
Dérobent à la froideur dorée des pagodes,
Epanche avant de naître en un frémissement,
Où la vaste mer semble refléter l'argent
D'un ciel pur embrasé d'infimes émeraudes.

Noctifer , Le porteur de nuit

CXLV. La Preuve de l'Ame

Heureux, l'Ouroboros roule comme un cerceau
Et par le mouvement de sa roue de torture
Mêle sa couleur aux chimères du cerveau.
Vers des mondes secrets, loin de mère Nature,

Le fils indigne s'en va sens dessus dessous
Et dans la vigne cherche un repos pour son âme.
Mais parmi les blasphèmes criards des filous,
Il ne trouve en leurs propos qu'injustice et blâme !

Alors, il se retourne ainsi qu'un bon derwich
Et découvre en la fleur du paresseux haschisch
Une consolation à ses vaines humeurs.

Et puis, lorsque trop tard la vérité divine
De son éclat plaintif dans le soir s'illumine,
Il goûte enfin le poison hagard de ses pleurs.

CXLVI. Amulette

La Nuit, douce fée pâle, épand sa chevelure
Qu'imprègne au fond des bois un langoureux murmure.

Tandis que la Lumière agonise, craintive,
Elle avance en hésitant à pas de belette
Et se métamorphose avec la grâce inquiète,
Empourprée de remords d'une aurore plaintive.

Noctifer , Le porteur de nuit

Parmi les marais d'or que sa crinière anise
D'une clarté d'opale où pleut la lune blonde,
Frémit toute une vie putride et vagabonde
Qui chante un air apaisant ainsi que la brise.

La Nuit, douce fée pâle, épand sa chevelure
Qu'imprègne au fond des bois un langoureux murmure.

La déesse intimidée de sa main fluette
Coiffe son beau diadème or que le règne arrive
Du Soir aux rais de cette harmonie fugitive
Dans l'intimité de son alcôve secrète.

Un arpège flûté où la tristesse abonde
Emplit le mois de mars d'une paresse exquise,
Et l'éclair martial de sérénité se grise
Comme un vivant reflet qui se pâme dans l'onde.

La Nuit, douce fée pâle, épand sa chevelure
Qu'imprègne au fond des bois un langoureux murmure.

Dans la Nuit vaste, intemporelle et primitive,
Une averse tinte et bruit telle une clochette
Qui tambourine et tonne. La clepsydre halète.
Et le cœur de saphir de ma fée se ravive,

-Sortilège d'Orphée ! –Rebours ! –Terre Promise !
Dans cette volupté ténébreuse et profonde
Où mon esprit se baigne et flotte loin du monde,
Tandis qu'en son voile noir qui se cristallise,

Noctifer , Le porteur de nuit

La Nuit, douce fée pâle, épand sa chevelure
Qu'imprègne au fond des bois un langoureux murmure.

CXLVII. Désincarnation

C'est une catacombe où coule une rivière.
Au creux d'un petit ravin calme et encaissé
Comme un écrin secret par la sylve enclavé,
Autrefois serpentait, humaine fourmilière,

Le dédale enfoui des boyaux de la mine
Parmi les salles obstruées qu'encor naguère
Exploraient les enfants amoureux de mystère !
Il est des profondeurs que le rêve imagine,

Où seul pénètre le clairvoyant oniriste.
Une ambiance, un courant d'air, une ombre, un détail
Entrouvre parfois tel un souffle le portail
Insondable de l'Extérieur, où rien n'existe

Qu'un univers morbide où règne le chaos.
Quand mon âme se perd en ces sentiers étroits,
Je redécouvre au détour familier d'un bois
Une grotte au sombre azur pampré de Paros

Noctifer , Le porteur de nuit

Qu'irise une lueur bleuâtre et plus réelle
Que jamais ne le sera le Monde Eveillé !
Et soudain, le souvenir d'un tertre oublié,
Semblable –et pourtant de nature immatérielle !-

A son terrestre aspect, remonte ma mémoire.
Et cette promenade, où tout près se hérissent
Des sommets alpestres que des spectres gravissent,
Me mène aux abords du voluptueux ciboire

Qu'habite ainsi qu'un sanctuaire orné d'acanthe
La nymphe troglodyte aux verdâtres iris
Qui s'abreuve en tremblant des larmes d'Artémis.
Dessous sa chute d'eau limpide où se décante

L'éclat d'un cristal précipité de grains d'or
Parmi le fin rideau qui suinte de la roche,
La fée troublée se baigne et lentement s'approche.
Mais tandis que plus profondément il d'endort,

Mon périsprit d'un coup d'aile avant s'aventure,
Dans un caveau roman qu'un luisant obélisque
Dalle de sa pierre unique ainsi qu'un ménisque.
Et contemplant cette savante architecture,

J'avance dans la pénombre et cherche à tâtons.
Autour de cette nef que ferment deux cloisons
Ainsi qu'un lieu saint bouddhique érigé sur l'eau,
Vaguement des flots bleus l'extatique tableau

Noctifer , Le porteur de nuit

Clapote l'adieu d'un voyage sans retour.
Là-bas, au seuil qu'anime encor l'éclat du jour,
Disparaît comme un champignon dans le brouillard,
Perçant l'onde, une plateforme à mon regard.

J'avance prudemment jusqu'au chœur, quand soudain,
Comme un homme ivre, je sens au plat de ma main
Les barreaux d'une grille invisible à l'œil nu !
Et guidé par un sentiment de déjà-vu,

Mon fantôme explore, ensemble esclave et monarque,
Des canaux souterrains que je visite en barque
Sous une voûte étoilée de cristaux infimes,
De grandes allées le long de vitraux sublimes

Qui semblent un aquarium vaste et baptismal,
Des galeries boisées qu'éclaire un minéral
A la Terre inconnu ; et soudain le plafond
De ce temple se brise, or que le fin rayon

Du jour frappe mon front. Alors, comme aspirée
Par une inspiration surgie de l'empyrée,
La chaîne d'or qui me lie à ma fontanelle
Dérobe mon esprit que l'extase ensorcèle

Et le libère en un instant de son emprise,
Tel un bétail que l'on ramène à son troupeau,
Loin de l'idylle heureuse où mon cœur se méprise
A l'heure subliminale où craque ma peau.

Noctifer , Le porteur de nuit

CXLVIII. Exorcisme

Un moineau s'est posé ce soir sur mon épaule !
Dans un frisson d'ailes fripées, son vol coula
Ainsi que sur la branche épuisée d'un saule.
Et d'un son mêlé d'ironie, il roucoula

Sa sérénade, un moment après nostalgique,
Cependant que mon sein sanglotait un arpège
Où se confondait quelque harpe mythologique.
Alors soudain de ce mystérieux solfège,

Comme filtré des crocs d'un sphinx qui dit : « Sésame… »,
Une naïade émergea du fond de mon âme.
C'est un flot, une vague ; une similitude

Luxuriante et vierge où mon cœur coi qui s'exsude
Aspire à s'engouffrer ! Un globe au reflet bleu
Veille, vivant saphir, sur cette cage en feu.

CXLIX. Claustrophobie

La Contradiction me déchire
Comme un Prométhée du mensonge
Que le vautour de l'ennui ronge.
Ou telle une rose vampire,

Noctifer , Le porteur de nuit

Mon âme habitée de remords
Se pique elle-même et de blesse.
Au bras tremblant d'une diablesse,
Parmi des cortèges de morts

Dans l'abîme elle se dirige,
Chancèle. Et prise d'un vertige
Affreux, cette vierge de fer,

Poupée gigogne sacrilège
Enfermée par un sortilège,
En cognant roule vers l'Enfer.

CL. Renoncement

Si la dague à mon sein se dérobe émoussée
Avant que je n'aie pu m'immoler à la femme
Qui hante les héroïsmes de ma pensée ;
Si je ne puis t'offrir l'étreinte de mon âme

Qu'un religieux commandement m'interdit !
Et si l'Occasion, spectre absent d'une goule,
S'enfuit dessous les sables du Temps ennemi
Qui doucement ainsi qu'un philtre amer s'écoule,

Je garnirai ton front de fleurs spirituelles !
Marie ! d'entre toutes les beautés éternelles,
Je te peindrai les plages dorées par le gouffre

Noctifer , Le porteur de nuit

Que je vois au fond de tes yeux. Nous partirons
Dans un soir fait d'onyx, de métal et de soufre
Unis tel Phénix, Alchimiste des passions.

CLI. Paradoxe dramatique

Mainte réflexion se perd parmi le Méandre
Qui file en mes pensées de pierre ainsi qu'un schisme !
C'est une comédie fantastique où Léandre
Saute le gouffre instable et chante avec lyrisme

Un air essoufflé, car plein de désillusion.
Comme un funambule allant sur un élastique,
Il court et marque un écart en un bond plastique.
La corde en fumant crisse une ode à la Passion,

Or qu'il franchit le bord du précipice ardent
Où le souffle du vent l'envoie sournoisement.
Alors, il pousse un grand cri d'épouvante et râle,

Croise en sa chute une Babylone accrochée
Et les babils sans voix d'une aurore nichée
Au creux d'un miroir d'argent souple au fond ovale.

Noctifer , Le porteur de nuit

CLII. Le Progrès

Ce siècle est un abattoir plein de porcs hurlants !
Tandis que tout un chacun en grognant se gave,
Se vautre dans sa certitude et fait le zouave,
On aperçoit au loin, sur des tapis roulants,

Une foule en joie qui se presse et joue du coude.
L'un d'eux trépigne et lance un regard dédaigneux
A l'autre or qu'il épie en coin à qui le mieux
Avalera son grain, pour finir dans la soude.

Mais alors que ce train démarre et part au loin,
Parmi les décombres au bord de la rambarde,
De cette orgie macabre, tandis qu'il regarde
En l'air, le parterre en bavant lève le groin.

CLIII. Sarcophage

Quand le regret fuit de l'écrin noir du passé
Entrouvrant ses parfums d'armoise ou de vanille
Dans mon âme ennuyée dont l'espoir vacille,
Sa chimère l'étreint jusqu'à la terrasser.

Du cercueil de mes jours les battements macabres,
Ces fantômes légers, grincent comme une armoire
Qu'embaume un cortège ancien de robes de moire.
Et pareil au poison d'un avaleur de sabres,

Noctifer , Le porteur de nuit

D'une vaste expansion, le venin troublé
De mon souvenir grouillant, dessous sa mantille,
Prend la forme, soudain, d'une amante gentille,
Qui tel un vampire assaille mon sein blessé.

Mais fixant sur ma chair ses crochets de sangsue
Comme en un fruit, au plus secret de sa substance,
Vieux remède universel à la souffrance,
Dans la nuit sécrétant son remord de ciguë,

La mante religieuse aspire et se délecte
De la moelle de mes os tremblants de terreur,
Puis, suçant jusqu'au sang épuisé de mon cœur,
Tendrement le repousse en un crachat d'insecte.

CLIV. Mimétisme

Sur la platebande entrecroisée de bitume,
Deux moineaux s'embrassaient, la gorge l'un dans l'autre.
Virevoltant parmi des froissements de plume,
Soudain, l'un d'eux tira d'un coup le vers d'épeautre

Du cou de l'adversaire avec un piaillement.
Et, tandis que l'autre en crevant s'égosillait,
Le vainqueur s'ébroua, d'un large bâillement
Qui lui remplissait le cœur d'un bonheur parfait.

Noctifer , Le porteur de nuit

Et le soleil serein s'enivrait de couleurs
A la coupe éventée d'une vasque de fleurs
Ainsi que des vapeurs d'un nectar liquoreux.

La Nature ironique, à qui bien la contemple,
Miroir allégorique aux spectacles heureux,
Renvoie toujours de l'homme un très-exacte exemple.

CLV. Survivances

Dans un carré de verdure, au pied d'un muret
Le souvenir me vient, comme un parfum diffus,
De tout un microcosme au tintement secret.
Et j'entends monter des haies alentour, confus,

Un murmure où perle au soleil la pluie des ondes.
Le merle au frais s'ébroue et la feuille emprisonne
La brise entrelacée d'errances vagabondes,
Au bout de son bâton ainsi que la colonne

D'un petit temple protecteur où fraie la vie !
Les temps sont loin, hélas ! et pourtant si voisins,
Des instincts ancestraux, quand parfois la magie
Du pressentiment joint notre âme en ses confins.

Noctifer , Le porteur de nuit

CLVI. Symétries

La mer est comme un ciel inversé, un miroir
Où tout un peuple aérien vague dans le noir.

Les géants de la terre, éléphants aquatiques,
Barrissent. Leurs échos, des grottes basaltiques,

D'un frisson lumineux caressent les planctons.
Et leur cacophonie aux grands mégalodons

Parvient estompée, par des cavités secrètes,
Tel le cri nasillard et plaintif des mouettes.

La raie glisse à travers ce halo spleenétique
Et diffuse en ondulant un nimbe électrique.

Mais de leur œil fixe et blafard de meurtrier,
Les requins eux aussi, furtifs, semblent épier,

Là-bas, dans la lumière, argenté, l'aiglefin
Qui plane entre deux eaux, et le poulpe aigrefin

Qu'une espèce inconnue à coups de muscle sème
Parmi l'espace où sa progéniture essaime

Et palpe la nuit des antres sous-marins,
Dans une nuée d'encre, indécis, incertains,

Noctifer , Le porteur de nuit

-Descendants amoindris qui sèchent sur la plage,
Qu'un démiurge ancien, sèche hideuse, à son image

Emplit du fiel de son sein, poison délétère,
Où la Désillusion trempe sa plume amère.

CLVII. Immersion onirique

Mon corps tremblant d'extase est de plus en plus mou.-
Montrant des bonds d'albâtre aux geignardes murènes,
En un sursaut furtif, d'adorables sirènes
Elancent leurs longs bras blanchâtres à mon cou.

Le cœur crache un sanglot dans son rythme effréné
Comme un cachalot qui suffoque en expirant,
Or que ralentit le souffle en spire d'argent,
Qui sombre à l'envers tel un canot retourné.

CLVIII. La Porte

1. Quetzalcóatl

Dans quelque alcôve rupestre, énorme et sans bruits,
Par l'ogive enchâssée comme une orbite enclose
Dessous une colline où la mer forme un puits,
Le dieu brandit son sceptre et médite, morose.

Noctifer , Le porteur de nuit

Mon rêve suit un long couloir et s'émerveille,
Contemplant les splendeurs de ce monde englouti.
Quand soudain du fond, un clapotement réveille
Une murène endormie. L'horreur déglutit

En ondulant ainsi qu'un boa constrictor,
Et cherche à m'enlacer ! Mais déjà le remord
M'entraîne en l'abysse, enfin ! Sans force et vaincu.

Une herse moussue au sinueux motif
Tels des planctons d'or mus par l'art d'un chant plaintif
Verse à mes deux yeux l'opulence où j'ai vécu.

2. Vers l'Intérieur

En tous lieux sur la Terre où l'homme aime à songer
Dans l'intimité de ses visions prophétiques,
S'étend un royaume obscur et plein de danger
Dont s'insinuent les influences magnétiques.

Il est des montagnes et des lacs scintillants
Où se sont réfugiés, tapis dans les cavernes,
Des panthéons entiers de Démons malveillants !
Et des milliers de chimères, dans ces casernes

Noctifer, Le porteur de nuit

Qu'Ils emplissent de leurs desseins majestueux,
Ainsi qu'en les tréfonds d'un Walhall souterrain,
Infestent le sous-sol humide et tortueux.
Là-bas, tel un rire estompé dans le lointain,

Un murmure inquiétant frémit parmi les ailes
De chauves-souris pourpres aux regards perçants.
Comme en un flux marbré de couloirs parallèles,
Se déforment ces papillons phosphorescents

Dans le vide incertain où finit la matière.
Il est des vérités par delà la conscience !
Mais le soir, quand s'éteint la lucarne dernière,
Et que nous dormons, sans défense, notre essence

Rejoint l'immensité des sphères de l'esprit.
Alors surgit du néant carnivore une onde
Où roule ainsi que Sisyphe aux Enfers, un cri
Au seuil d'un four d'airain que la lumière inonde,

Et par un portail de bronze enflammé d'azur,
Parmi des rayons éclatants dont le bleu luit
Comme le cœur mouvant d'un feu de diamant pur,
Submerge de clarté l'univers ébloui.

Sur la plage en fleurs d'un océan de beauté,
Tandis qu'à l'horizon quelque brume irréelle
Déploie un nimbe étincelant d'obscurité
Que fleurdelise une forêt surnaturelle

Noctifer , Le porteur de nuit

Comme un petit bosquet de bruyère odorante,
Le chapeau des stûpas, qui semble dans le soir
Où s'élève lentement un parfum qui chante
Le firmament d'or d'un végétal encensoir,

Creuset tamisé d'une lueur incertaine
Comme du point du jour les confuses clartés
Filtrant par un riche ornement de fleurs en peine,
Diffuse à travers des entrelacs ciselés

D'une coupole en cuivre son douceâtre effluve.
Et parmi les pleurs de ce brouillard impalpable
Que blondit sa chaleur ainsi qu'en une étuve,
Une nymphe enfouie à moitié dans le sable

Au bord d'un fleuve aux blafardes exhalaisons,
Entre les blancs rideaux d'un soir éternel, voit
Du Grand Nord s'iriser les nocturnes saisons.
Tel un rêve ébloui flottant dessous le toit,

Qui monte vers le ciel d'un bleu spirituel
Rejoindre l'or fumant des salles souterraines,
Je devine un empire, un monde irrationnel,
Où tout change de sens, ô passions incertaines !

Des portiques fabuleux et un grand bassin
Aux fontaines étoilées qui lancent dans l'air
Leurs gerbes ainsi que de blondes pluies d'airain ;
Des frontons antiques qui sortent de la mer

Noctifer , Le porteur de nuit

Parmi des flots d'écume aux rayons de la lune,
Et des monstres marins qui chantent dans la brume ;
Au creux des sables flous, plus loin, près d'une dune
Un clapotis mouvant que la tourbière allume,

Là-bas sur les marais, songe crépusculaire.
Un peuple hideux, alors, de chimères exsangues
Surgit en hurlant ; et ma gorge se resserre,
Quand m'engloutissent sans bruit leurs mille langues…

Phosphorus, ange mort qu'un démiurge enfanta,
Serpente comme une anguille aux tréfonds d'un crâne.
Et tel un suaire en cet affreux Golgotha,
Sanctuaire ogival d'une entité profane,

Sa glotte énorme claque et gronde dans le noir.
En ces lieux vagabonde un trouble éblouissant
Qui monte ainsi que les chaleurs d'un feu le soir
Et déforme tous les objets étrangement,

Tandis que dans le calme bleu d'un éther vaste,
Embryons de l'azur, fils de l'ardeur des flammes
Où tout est chimie, splendeur infernale et faste,
Se jouent les Salamandres ainsi que des âmes

Parmi l'immensité fantastique des cieux.
Charmé, mon périsprit s'engouffre dans le trope
D'un abandon sans limite, et ferme les yeux
Comme un autre encor qui sort de son enveloppe

Noctifer , Le porteur de nuit

Nimbée de vapeurs de soufre hallucinogène
Ondulant de petits diablotins embrasés.
Alors, des profondeurs bleutées de la Géhenne,
Je me souviens des Cieux d'innombrables beautés.

CLIX. Al Azif

Entendez-vous parfois, dans votre téléphone,
Le crissement d'une phalène assourdissante,
Qui solennel et grave ainsi qu'un glas résonne ?
Et semble, horreur ! murmurer de sa bouche absente :

« Il est temps de souffrir, afin d'évoluer.»
Or, la cigale immonde en bourdonnant se meut
Entre les flux de l'insondable éternité
Que perce au fond du néant son regard de feu.

CLX. Ex nihilo

L'esprit humain crée parfois avec réalisme
Des chimères oubliées qui n'existaient pas.
Renaissant avec un immatériel fracas,
Vivant limon de l'originel cataclysme,

Noctifer , Le porteur de nuit

Un remous du chaos s'organise et prend forme.
Des profondeurs photosensibles de la nuit,
Le démiurge englouti roule sa masse énorme,
Et de l'Inconscient remonte à la Vérité.
Car tous les temps et tous les lieux, dans l'infini,
Se côtoient parmi la profonde éternité.

CLXI. La Narcose d'un parfum

Mon rêve emporté se noie dans tes clairs cheveux
Comme un poisson d'argent qui s'enivre d'odeur !
Or qu'en son âme nage, océan de douleur,
Ange chéri, notre amour sans espoir, je veux,

Ainsi qu'un navire, enfin ! qui rejoint son port,
Au solide amarrage de mon souvenir
Respirer le poison de ta chair à loisir.
O sylphide, et tout près de toi serre moi fort :

Car du fond de ma fierté, nocturne prison
Qu'encercle un rais de lune autour de ton frison,
Je t'aime encor ! –Vivant au tempo de ses cils,

Sans trêve mon cœur bat ce rythme en un frisson
Que l'émotion chavire. Entre des pleurs subtils,
Mon rêve se meurt devant tant de perfection.

Noctifer , Le porteur de nuit

CLXII. Le Trouvère

Dessous la Lune en pleurs, l'enfant joue de sa lyre
Au fil d'une ballade inspirée par le vent.
Dans la lueur violette où son œil blanc se mire,
Il cueille une pensée aux rives du Néant.

Ainsi qu'un faon qui broute en secret dans la nuit,
L'aède en silence écoute et se repait d'ombre
Aux reflets inconnus du ruisseau qui rebruit
Un chant plein d'allégresse à la truite et à l'ombre.

L'arbre au toucher rugueux, l'ouïe, sont le Décalogue
De ce jeune cerveau, buttant sur une églogue,
Qui jeûne comme un gueux errant à l'abandon.

Et pourtant, ô Voyant, que de beautés nouvelles
Inondent d'harmonie ses nocturnes prunelles !-
O mon Dieu plein de parcimonie, pardon !

Noctifer , Le porteur de nuit

CLXIII. Le Songe rétrospectif

D'après le chaudron de Gundestrup

Passant par des chemins aux bosquets familiers
Où rode en ce couloir un furieux Minotaure,
Le rêveur va suivant l'ombre au fil des sentiers.
De quelque outre-monde ignoré son âme explore

Les grottes sans fond où plane un parfum d'encens
Qui goutte ainsi que les moiteurs dessus les flaques
De noirs souterrains peuplés d'esprits malfaisants.
Ses sens se fondent parmi les froideurs opaques

De ces couloirs dont l'humidité langoureuse
Envahit d'un frisson insidieux tous les pores,
Dans cette obscurité impalpable et brumeuse
Dont le flot marmoréen mêlé de phosphores

S'insinue en eux à mesure qu'il pénètre,
Comme un courant d'air inextinguible et fatal,
Dans les profondeurs exténuées de son être
Qu'embrasent les flambeaux obscurs de l'Idéal.

Mais cependant que tel un brame troglodyte,
Sourd, grave et guttural, un râle ancien circule,
Quand le Barde entre dans la Cité interdite,
Le dieu-cerf au triple visage ardent recule.

Noctifer , Le porteur de nuit

Comme un chaudron de cuivre où danse Cernunnos,
Il tient à la main le serpent de l'infini,
Qui roule en spirale, hypnotique Ouroboros,
Où l'Eveillé sans fin s'abîme dans la nuit.

CLXIV. La Volonté spirituelle

Il n'est de plus beau marbre, ô sculpteur de matière,
Que la passion pure ! Au feu des Illusions,
Elle embrase de l'esprit les complexions
Ainsi qu'un prisme ardent où se joue la lumière.

C'est l'Ilion du désir où Pâris se délasse,
Et l'auberge enflammée où la Raison s'enivre ;
Le bûcher du Phénix qui brûle de revivre,
Et l'alcôve d'argent où la Nuit se prélasse.

Les penseurs anciens trouvèrent leur confort
Loin des voluptés, dans les stases de la Mort.
Je veux aimer, souffrir, m'extasier et frémir,

Afin que si mon âme explose en sa démence,
Au moins s'épanouissent à force de plaisir
Les Edens corinthiens fleuris de sa semence.

Noctifer , Le porteur de nuit

CLXV. Janus bifrons

Le soleil ombrageux tremblait, tel un œillet
Et versait sobrement un baume épais et jaune.
Une abeille au milieu d'un beau lys blanc mouillait
Sa trompe au suc mielleux ainsi qu'un petit faune

Recroquevillé d'aise après le long effort.
Et un oiseau passait devant l'astre jovial
Resplendissant dans l'azur et blond comme l'or.
Janus levait le front dessus son piédestal.

CLXVI. Raison et Passion

L'esprit contemplatif, creusé par le tourment,
Epris des voluptés de calmes solitudes,
Ressemble à un lac vaste, pur et scintillant
Que traversent avec de fières attitudes

De grands cygnes troublés aux regards éperdus.
Et ces oiseaux violets, ainsi que des pensées,
S'étonnent soudain parmi les arbres tordus
De ses forêts sauvages, quand par les travées

D'un *sépulcre* idéal, il reflète en pluie blonde
Comme un miroir tremblant des cieux alcyoniens
Les voûtes azurées, et érige dans l'onde

Noctifer , Le porteur de nuit

Des forts, des tours et des temples cyclopéens
Qui coiffent en sombrant de longs rubans de sphaigne
Où le crépuscule automnal d'ombre s'imprègne.

CLXVII. Illusion du Pouvoir

Dessous l'empyrée mue d'orageuses passions,
Atlas fut saisi d'un doute et se dit soudain :
« Nous avons devant nous l'Eternité, voyons ;
Je suis las des tourments de mon triste destin.

Le poids du firmament pèse sur mon épaule.
Je pourrais tout à coup de ce fardeau pénible
Enfin lâcher le chargement, ce serait drôle !
Parmi les éclats dorés d'un fracas terrible,

Nous verrions à nos pieds périr l'homme insolent.
Ah ! perdre prise et plonger dans le sein brûlant
De la Terre embrasée, cratère épouvantable ! »

Et cependant qu'il se tordait niaisement,
Presque ému d'aise en riant, le filet de sable
Du Temps s'écoulait sur son front dans le néant.

Noctifer , Le porteur de nuit

CLXVIII. Dualité

L'Opinion guillotina maint preux philosophe.
L'ascète heureux, le brave en paix, le bon curé :
Tout faquin guilleret le jauge et l'apostrophe
Avec un clin d'œil, soumettant son pas sacré

Au vil brodequin. La bave du crapaud souille
Les marais au clair de lune ! -Or l'Idée est belle !
Et chacun se sent un droit de juger, et fouille,
Son crâne, en sirotant le jus de la poubelle.

La grande âme en son orgueil contemple à la ronde,
S'enivre de mystère et voit du vaste monde
S'ouvrir les voluptés en l'Eden dévasté

Qu'en l'ivraie au prince de la nue, délesté,
Sème, petit Poucet, sur le chemin du vice,
Morphée, le soir, comme une traînée de silice.

CLXIX. Mariage végétal

Frileux, il déroulait son étole violette
Ainsi qu'un prêtre jeune au dernier sacrement.
Son cœur en étoile exprimait des gouttelettes
Telle une amour perlée des moissons, tristement.

Noctifer , Le porteur de nuit

Un poison noir suintait de ses tendres jupettes
Et, tandis que sa fleur se fanait lentement,
Semblait le baiser enivrant d'une nymphette
Qui se calfeutre dans son alcôve en tremblant.

L'œil de l'autre en bavant se révulsait d'extase.
Et le fard de sa pourpre infusait la douceur
De sa sève épuisée dans un spasme d'emphase
Explosant, lourd et mûr, son bulbe sans pudeur.

CLXX. Intrusion

Dessous l'océan qui miroite un air nocturne,
Le ciel, spectre livide, inonde de clarté
L'onde aplanie où varie son rais taciturne
Comme une aria qui plane, au néant amarré.

Dans l'abysse abîmé de stupeur, un nautile
Ainsi qu'une barate écume les noirceurs
Des fosses dont il brasse, gloussotant fossile,
Les pressions englouties. Et d'amples profondeurs

Explorant, il déploie ses membres alanguis,
Mollusque étrange et tentaculaire. Il ondule
Souplement en soufflant un râle aigu qu'aux gris
Caveaux son écho répercute, or qu'il recule

Noctifer , Le porteur de nuit

Ainsi qu'un escargot des grottes azurées.
Pressé par l'appel d'eau d'un courant velouté,
Le calamar hybride s'engouffre où, dorée,
Des rhodophycées sont piliers d'or ciselé,

Et pénètre en un temple embrasé par les feux
D'une lueur vivante et qui charme l'ondée,
Lagon de Mateus Fernandes, où les cieux
Se mêlent aux spirales des algues bouclées.

CLXXI. Fumeries

C'est un antre chinois, humide et luxueux,
Où des dragons dorés s'enlacent dans la brume.
Un vase plein d'encens lentement se consume
Et s'épand dans la pièce en réseaux sinueux

Tandis que dans un coin un vieux soudard allume
Son houka. C'est un bang: une pipe à opium
A supplanté l'ardeur immodérée du rhum.
Un serviteur asiate que cet air enrhume

Inspire l'œil absent le parfum exhalé,
Avec ses cheveux noirs en plumes de choucas,
La main sur son ventre, tels les heureux bouddhas.

Noctifer , Le porteur de nuit

Un autre se morfond, fumant son narghilé,
Grattant sur son assiette un grain de confiture,
Prometteur pour un temps de l'ivresse future.

CLXXII. Apologie de la Souffrance

L'Angoisse matérielle et la Prospérité,
Filles du Désespoir, sont telles deux marâtres
Qui versent le poison à leur postérité.
L'une pétrit en allaitant ses seins jaunâtres,

Tandis que l'autre halète en un rire empesté
Le désir du couteau, qui le blesse et le châtre,
Et remplit d'orgueil le cœur de l'humanité :
« L'or coule à flot sur nos mains ! A quoi bon
combattre ? »

Cependant qu'il secoue piteusement sa chaîne,
Il prend pour un sceptre la corde qui le traîne
Vers le cercueil épineux qui lui tend les bras,

S'accroche, à contre pied du Destin s'insurge !-
Alors, merci, éclair fatal ! quand tu t'abats
Tel d'un maître incertain la verge thaumaturge.

Noctifer, Le porteur de nuit

CLXXIII. Le Gnome frappeur

Le chercheur d'idéal, qui creuse sa mémoire
Entend un *knocker* qui suit frénétiquement
De ses transports éperdus le rythme illusoire.
Et ce lutin moqueur l'avertit en frappant

Du péril à venir, jaloux de son trésor.
Mais, bravant l'infini par passion du mystère,
Il plonge toujours plus avant dans son remord,
Comme un soldat de l'Inconnu qui part en guerre.

Son cœur douloureux s'effrite ainsi que du schiste
Sous les coups de burin d'un sculpteur masochiste.
Et le temple harmonieux de ses jeunes pensées

S'écroule au plus profond des noirceurs de son âme,
Or que, de l'autre côté, resplendit la flamme
Vacillante et perdue de ses amours passées.

CLXXIV. Fil d'Ariane

La lâcheté humaine à Dieu souvent objecte :
« L'existence est un perpétuel traumatisme ! »
Entendez, bassement, l'ingratitude abjecte !
Voyez de l'Ironie l'insidieux syllogisme !

Noctifer , Le porteur de nuit

Quand ébloui par l'or, ignorant de l'obstacle,
Sans but, l'homme découvre en son âme une crainte,
A voir devant lui sa propre image il renâcle,
Et se broie les os contre un mur de labyrinthe :

C'est que la douleur nous éveille à la conscience
Comme un cocon ensommeillé où l'Etre espère,
Et enseigne à nos cœurs orageux la patience,
Où l'errance, résignée, trouve son repère.

CLXXV. Allégorie de l'Angoisse

Notre âme en son enfermement
Mûrit avec un creux frou-frou.
Or, ce coqueret du Pérou,
Vermillon, chante au firmament

Son dictame ainsi qu'une rose.
Papillon des cieux idéaux,
Notre amour se métamorphose
Au rythme broyeur des fléaux.

Et notre cœur perd sa semence
Comme le pistil du pavot
Parmi les ruines, délivrance
Des fertilités du cerveau.

Noctifer , Le porteur de nuit

CLXXVI. Intercession

Hermès, le Messager, marche sur les nuages,
Matière élastique, où ses sandales ailées
A chaque rebond fumant foulent des mirages.
Il croise en chemin parmi ces longues allées

De l'humain firmament les foules fantastiques
Dont les mortels à peupler les éthers se plaisent.
Dragons vaporeux, chimères et blancs caciques
D'un air fraternel à son passage se taisent,
Et s'en vont au loin sous des arches électriques.

Cependant l'orage en contrebas gronde, et or
Répand sur les maisons des larmes de colère,
Qui coulent ainsi que les ruisseaux du remord,
Et roulent en résonnant leur sentence amère.

CLXXVII. La Fille perdue

Briséis, ô vierge rebelle aux yeux de biche,
Brisée par le joug orgueilleux d'Agamemnon,
Même alors au plus fier des héros, tu dis non !
Quand son courroux se déchaîna parmi la riche

Et fertile cité, réputée invincible,
La colère énorme épargna ton noble cœur.
Et lorsqu'il revint de ta famille vainqueur,
Traînant la chair écorchée d'Hector, impassible,

Noctifer , Le porteur de nuit

Ton port conserva sa grâce aristocratique !
Ravalant le poison d'une larme précieuse,
Dessous les blancs crachats de la foule injurieuse,
Avec dignité, te montras-tu sarcastique ?

Car au fond de ta pupille ardente et fragile
Se reflétait encor le fard du feu sacré
Sur l'écran ténébreux de ta sérénité,
O Briséis, qui résistas au tendre Achille.

CLXXVIII. Panique

A pic d'un rocher moussu, Pan teste sa flûte.
Ses pieds de bouc velus trépignent sur la pierre
Comme un dentier qui claque. En majesté, la Brute
Est en rut,
Et broute en mâchonnant sa couronne de lierre.
Ainsi qu'un luth

Contre un pied de vigne adossé, son corps noueux
Où nage la terreur d'un frisson dissonant
Semble puiser sa force au noir terreau boueux
D'un cloaque
D'où s'enfuient par milliers ses chevreaux, déchirant
La nuit opaque,

Noctifer , Le porteur de nuit

Un à un, destriers cornus de son ivresse
Qu'environnent dessus ce glacis verdoyant
Les larmes évaporées d'un flot de détresse.
Et la nymphe
Du ruisseau consternée se prosterne devant
Ce paranymphe,

Tandis que dans le crépuscule ensanglanté
Montent les sons cuivrés d'un cortège bachique
Par les hurlements de la syrinx irrité,
Contemplant
Sa syringe entre Héraklion et le Mexique
En sanglotant.

CLXXIX. Précocité

« Vois-tu, disait un jour le Sage à son élève,
L'univers qui nous entoure n'est qu'apparence.
Devines-tu dans ton reflet, par transparence,
Lorsque tout est calme, le canevas du rêve ?

Car l'Aède est semblable à l'Orphée de Delville
Qui nage au milieu d'un océan argenté !
Pour lui, chaque ruisseau cache un monde enchanté,
Et lui chante un sujet de fable en cantabile. »

Noctifer , Le porteur de nuit

Alors l'adolescent, honteux et tremblant d'ire,
Essaya de passer sa tête par sa lyre.
Divine est la vertu du socle de l'Esprit ;

Mais plus sensible encor la corde des passions
Qui vibre tel un écho des espoirs profonds,
Ou comme un miroir bleu des siècles dans l'oubli.

CLXXX. Enracinement

L'Amour, l'Histoire et l'Art
Sont trois cordes précieuses
Qui font vibrer les creuses
Voix d'un vide *sitar*.

C'est l'âme du violon
Qui vibre et qui résonne
Dans l'esprit qui raisonne
Et trouve le temps long.

C'est le frisson timide
De la main d'Octavien,
Dont l'amour se souvient
Devant la chrysalide

Noctifer , Le porteur de nuit

Noirâtre et défraîchie
De l'antique Idéal.
Demain, diantre ! animal,
La mouture blanchie

De notre chair brisée
Croupira sous le sable
Du tertre misérable,
Par la chair méprisée.

Et nous rejaillirons
De cette bourbe infecte
Dans le frou-frou d'insecte
Repu des moucherons

Sur les charniers putrides,
Liquéfiés par l'attente
De l'envolée absente,
En flots de fleurs morbides.

CLXXXI. Au Septuor

La nuit, toute forme devient spirituelle.
Les buissons, qu'une obscurité vivante absorbe,
Prennent une allure étrange et surnaturelle.
A l'éclat singulièrement voilé de l'orbe

Noctifer , Le porteur de nuit

Lunaire, explose un prisme où son rais tamisé
Balaie ainsi qu'un phare alentour les coteaux.
Un bruissement vague et furtif semble éviter
Le rayon blafard, et fait fuir les animaux

Dont l'œil effarouché s'exorbite et vacille.
Ténébreux oiseleur, un grand saule éploré
De sa branche fourchue que la bourrasque plie
Pointe le doigt crochu sur le lac désolé

Où la blanche clarté d'écailles invisibles
Ondule dans le noir. Et la verte lueur
Des vers luisants dans l'ombre, aux miroirs insensibles
D'un pan de granit, semble alterner sa couleur.

Mais cependant que les hiboux, obscur conseil,
Balbutient un gloussement prenant leur envol,
Un galbe éclos dans un bouillonnement vermeil
Près de la berge étincelle et remonte au sol

Dans une gerbe étincelante et mordorée,
Curieuse créature émergée de l'abîme
Des temps anciens, par notre sphère, or, à l'orée,
D'un coup d'arête propulsant son corps sublime,

Et replongeant dans les profondeurs argileuses
De sa tanière opaque, où parmi les grenouilles,
Les batraciens jaloux et les algues frileuses
La retient son palais hérissé de gargouilles.

Noctifer , Le porteur de nuit

CLXXXII. La Salamandre

Son corps visqueux bariolé de noir et de jaune
Où stagne un sang vitriolé, aux pleurs des geais
Rampant sur le ménisque épaissi des marais
Parmi les borborygmes d'une étrange faune

Qui se souvient parfois de mondes engloutis,
La salamandre se rengorge au cœur des nuits.

Et sous ses pas mouillés d'entre les pierres grasses,
Sa lente ondulation dégage une vapeur
Au clair de lune entier, dont s'impriment les traces.
Car de son goitre rond où palpite une ardeur

Remontée des moiteurs bulbeuses de la fange
Aux morbides tiédeurs, telle une flamme orange,

S'exprime jusqu'aux confins animalisés
De chaque fibre où se construit la créature,
L'intussusception de quelque surnature
Qui s'épanche à travers ses tissus irisés.

Alors, des tréfonds de sa terre volcanique,
Loin dessous les rochers caverneux, magmatique,

L'envoûtement secret d'espaces infinis
S'élève, houleux écho, du centre de la Terre,
Barbotant parmi l'eau des étangs alanguis
Comme une éruption sur un tertre éphémère.

Noctifer , Le porteur de nuit

Les limbes fabuleux d'insondables fournaises
Où crépitent dans l'air des nuages de braises

Ainsi qu'en un mirage déploient leurs contrées.
Et son œil pénétrant miroite un vague bleu
Qui construit en tremblant des portiques de feu,
Des palais pleins de faste et des arches dorées,

Or qu'en un songe vaste, au-delà des Enfers,
Le bosquet spongieux affleure entre deux éthers

Où résonne le chant de ce peuple incompris,
Qui semble entremêlé d'arabesques bizarres
Parmi les noirs sanglots des saules alanguis
Aux lueurs jaunes des phosphores sur les mares.

CLXXXIII. Bran à l'Ile des Bienheureux

Dans la brume épaisse où flotte un éclat vert sombre,
Sur son rostre aux feux de Saint-Elme éclaboussé,

Bran, le spectre irlandais, se dresse ainsi qu'une ombre.
Les flots portent le chant de sa plainte, émoussé

Par les lames que brise un courant de marée,
Jusqu'au port où s'épuise au loin sa mélopée :

Noctifer , Le porteur de nuit

« Là-bas souffle une brise odorante et légère
Parmi les voluptés d'un vivant sanctuaire

Garni de volutes, tels des menhirs de marbre,
Où chaque colonne évaporée semble un arbre. »

L'esprit enthousiasmé ravive son reflet,
Fantôme incandescent d'un ardent feu-follet :

« Des deux Montagnes d'or j'ai gravi le vallon,
Et franchi la Porte de l'antique Avalon !

La Sylphide, ange éternel de mon rêve bleu,
Je l'ai vue resplendir sous un portique en feu

Parmi les grands miroirs d'un palais végétal,
D'entre les blancs rameaux d'un jardin de cristal.

Où les sources d'argent versent des pleurs d'extase
A des fleurs qu'artistement le soleil embrase,

J'ai baigné mon corps alangui des mils durant,
Aux douceurs évaporées d'un songe odorant. »

Et or qu'il s'estompe, emporté par l'Aquilon
Lointain, le revenant lance à l'éther plombé :

« Car ainsi que l'orage du Septentrion,
La Nostalgie, ce masochisme du passé,

Noctifer , Le porteur de nuit

Regagne toujours l'homme, à l'Espoir condamné !
Son cœur voilé se gonfle au vent de l'Illusion

Comme une toile enflée d'un rythme d'oriflamme. »
Et ce disant, le fantôme engloutit sa flamme

Dans un bouillonnement de sinople fumant
Dont la vapeur siffle et s'élève au firmament.

CLXXXIV. Démystification de la Nature

Lorsque la déesse au flanc d'hydromel, Freya,
Exorcisée par la bannière de Jésus,
Fut bannie et un tunnel profond se fraya,
Comme un puits sacré de la Vallée de l'Indus,

Dans le sein de la Terre où sa race était née,
Les fleurs s'ouvrirent pour assister au miracle
De la Beauté vivante à l'Enfer condamnée.
Alors, les nobles lys penchés vers ce spectacle

Plein de grâce implacable, écumant leur volute,
Versèrent des pleurs. Et de leurs larmes amères
Naquit un petit lac, à l'endroit de sa chute,
Tout de miel, de baume et de nectar, spires claires

Noctifer , Le porteur de nuit

Ainsi qu'une pluie d'or irisée par les feux
De l'aube nouvelle, or qu'au lointain s'embrasaient
Les autels de jadis, vestiges ténébreux
D'un âge révolu. Mais les Anges dansaient

Autour de ce tombeau mystique et parfumé,
Parmi les corolles consternées de s'abattre,
Où suintait dessus le parterre immaculé
De ces crosses fanées une rosée rougeâtre.

CLXXXV. Le Double

Sur la lande embrumée, Ossian chevauche et songe.
Sa monture ainsi que sur un tapis d'éponge

Dans la sphaigne imprégnée enfonce ses sabots.
Le crépuscule inonde, empli de ses grelots,

Les grands chênes dont sort, de temps en temps, la tête
De quelque nabot qui se fait toute une fête

De voir passer d'aplomb le barde et son poulain
Comme un couple esseulé qui part dans le lointain.

Noctifer , Le porteur de nuit

CLXXXVI. L'Œil des Chevaux

Au fond de l'iris du cheval flotte un Loch Ness,
Verdâtre et scintillant de paillettes d'opale,
Où semblent onduler de longs serpents en S
Parmi les moiteurs d'une bruine virginale.

Le Druide, explorateur du cosmos onirique,
Devine au seuil de l'âtre ardent, par cette *ogive*,
Un horizon sylvestre, une contrée magique,
Où tout parle à l'esprit sa langue primitive.

Des fées, mûries des fleurs, lui chantent son prénom,
L'arbrisseau murmure une étrange mélopée,
Et toujours plus avant, sa conscience aveuglée

Se noie dans le regard huileux de l'étalon.
Car il écume au bord de ces lieux miroitants
Une limite irisée par delà le Temps.

CLXXXVII. L'Attrait de l'Indicible

Les anciens monuments que partout sur la Terre
Erigea la science humaine, à leur manière,
Nous disent que nous côtoyons une autre sphère ;

Quelque part aux confins obscurs d'un lieu concave
Du cerveau obstrué de la Raison esclave,
Un vide électrisé de nerfs, comme une enclave

Noctifer , Le porteur de nuit

Où se déroule, ainsi qu'un flot sous sa charmille,
L'orage des passions, dans le noir, qui fourmille.
Aux flambeaux inquiets de sa rigueur dont vacille

L'espoir, charme éclatant de la rancœur de Pyr,
Il voit un nuage informe et blême envahir
Son crâne où tout un peuple essaime et veut sortir.

Alors, le blanc réseau des esprits aériens,
Angelots martyrs de ses orgueils très-sereins,
Montent par milliers de leurs caveaux souterrains.

CLXXXVIII. Eidôlon

Pygmalion scella dans le Paros le plus pur
Son amante idéale. Et les dieux d'Olympie,
Pris de pitié, d'amour, qui sait ? pour ce sein dur,
Rêvant de le palper, d'un mouvement impie

Dotèrent soudain la créature impossible,
Qui leva son voile avec un geste léger
Souplement, ouvrit ses yeux d'Idole impassible,
Et ainsi qu'un nouveau-né se mit à bouger.

Alors le sculpteur, de cet embryon blanchâtre,
Tremblant d'émotion, caressa la peau d'albâtre,
Tandis que sa cervelle éclatée en bavant,

Noctifer , Le porteur de nuit

Débris éclaboussés jaillis de leur coquille,
Répandait sur le sol, tel un œuf ruisselant,
Le reste éparpillé de sa grise charpie.

CLXXXIX. Eclosion

Sur le fond grave et solennel des vibrations
D'un volcan ténébreux qui songe dans la brume,
Soudain, comme une symphonie, mille éruptions
Montent dans l'air troublé qui crépite et qui fume.
C'est un crescendo harmonisé d'infrasons
Où se confond l'esprit ainsi que de l'écume.
Une harpe amphigourique et désordonnée
Inonde éclectiquement de ses cliquetis
Cet amphithéâtre orgiaque où la mélopée
Des astres vibre aux confins du ciel comme un bris.
Car voici qu'à travers le miroir, fracassée,
Une âme voit le jour au milieu des cris.

CXC. La Bête aux Veines

Les voluptueux glaneurs dansent le menuet.
Car voici qu'un vin gai inonde leurs artères
Tel des guirlandes garnies de grains délétères,
Cependant qu'en clameur retentit le fluet

Noctifer , Le porteur de nuit

Chant d'une impatientée : « Oh ! viendras-tu, dis, mais !-
Esclave de mes yeux ? Si tu n'apparais pas,
Que je vive emmurée sous le sol à jamais ! »
Et l'aimée se lamente or qu'au loin, pas à pas,

Son amant se rapproche, incertain de la route,
Alentour balayant, le regard plein de doute,
La plaine insignifiante. Et son cheval trépigne,

Interprète innocent des songes de l'esprit,
Tranquille et patient, broutant un pied de vigne
Aux amours ruisselants que l'espoir tarit.

CXCI. Le Joyau bleu

Quand reviendras-tu des limbes de volupté
De mon remord par les feux du jour aveuglé,
O Nuit, douce fée pâle ? En son écrin bleuté

La lune couronnée jette un éclat serein
Sur le noir bosquet qui frémit dans le lointain,
Ainsi qu'une amulette embrasée sur le sein

D'une nymphe abyssale. Et mon être agonise
Dans le reflet troublé de la berge qu'anise
La mousse en pluie sucrée d'une fontaine exquise,

Noctifer , Le porteur de nuit

Où l'huis du lac amer, tel un tourbillon blanc,
Mélange ses flots clairs. –Mais la Sainte, endormant
Mes membres alanguis, me chante un air charmant

Qui porte mon esprit vers un monde extatique
Où dans lui-même, il se noie, ruisseau fantastique.
Or le cristal, éclat pur d'un Graal onirique,

Scintille et reproduit son appel enchanteur,-
Séduisant et mortel ainsi que la candeur.
C'est un saphir sombre, hypnotique ; ardent, un cœur

Qui pend son prisme bleu au bout d'une chaînette ;
C'est l'éternel miroir où l'amour se reflète,
Et le pendentif de l'Ange aux pas de belette

Qui vient raviver l'ardeur des espoirs perdus.
C'est la Souveraine Obscurité, le reflux,
Le couloir abymé des songes éperdus,

L'image d'un regard qui se contemple en l'autre,
Semblable à son essence, -O Reine, je suis vôtre !
Idole invisible, héraut et fervent Apôtre.

O Nuit indivisible, ô désir lancinant !
Ouvrir enfin mon aile empoussiérée d'argent,
Et porter par la nue, loin du monde arrogant,

Noctifer , Le porteur de nuit

Le flambeau de la Nuit, à travers l'océan
Des cieux spirituels, à leurs feux enflammant
Tel un flot qui grésille, et ma forme, et mon sang !

CXCII. Sur le Petit Rêveur de Marcel Helfer

Embryon de l'extase éclos sous les chaleurs
D'un astre double, enclos, notre esprit se souvient
Parfois, explorant le néant de ses torpeurs,
D'un univers béant et antédiluvien.

Parmi des flots vermeils de mirages trompeurs,
Il sent les cris muets d'un peuple qui a faim
Où Lilith en triomphe est portée par ses pleurs.
La foule hybride évolue, au large sans fin,

Et avance ainsi qu'un cauchemar de Darwin
Dans la nuit vampirique, or qu'au loin se détourne
L'ardeur des jours futurs, sphynge immolée d'un Djinn.
Cependant qu'en ce songe infernal il s'enfourne,

Sur l'écran de sa paupière au globe embrasé,
L'enfant devine un monde panique et lutin
Où nage l'illusion de la Perversité
Comme un cortège extatique et dionysien

Noctifer , Le porteur de nuit

Qui se confond dans l'onde évaporée d'archal
Semblable au réseau d'un tourbillon magmatique,
Symbolisme oublié d'un cycle sidéral,
Aux complexes éons de ce flux magnétique.

CXCIII. Niagara fantastique

D'un admirateur d'Hoffmann

Sous l'église Saint Paul s'ouvre un grand pont arqué
Où quelque étourdi sur un esquif embarqué
Semble un amoureux transi dessus sa gondole.

Le radeau, porté par les courants, caracole
Vers le portail d'argent d'un splendide aqueduc.
Par la voûte éclose en abside, un divin suc

Goutte, et suggère ainsi qu'un canevas de stuc
L'artifice embrasé d'un nimbe artificiel
Qui l'enveloppe en scintillant, nocturne appel,

Et aspire, en plongeant, par son orbite énorme
La frêle embarcation, comme une ogive informe.
En spirale, aveuglé, l'esprit dormant pénètre,

Ainsi qu'un regard ouvert par une fenêtre,
Dans un éther houleux plein de complexité
Or qu'il glisse et se noie parmi l'Eternité.

Noctifer , Le porteur de nuit

CXCIV. Nocturne impromptu

« Jetons-nous, immortels, dans le soleil levant ;
Franchissons la porte éclairée de l'Espérance ! »
Ainsi parlait, les yeux injectés, en bavant,
L'Ennemi du Jour, Nosferatu. De souffrance,

La masse le suivait, morbide contingent,
Ainsi qu'une charogne aux rampantes allures
Au milieu de la nuit toute étoilée d'argent.
Cependant, de ce peuple écorché d'engelures

Glapissaient les trognes retroussées qui semblaient
Des gorges assoiffées de sang dont s'écartaient
Les blêmes mandibules. Or, le patriarche

Ecuma sur son bouc une bulle d'ennui,
Tandis qu'il invitait à monter dans son arche
Les chimères enfuies des limbes de minuit.

CXCV. Etude sur l'Encéphalogramme dessiné par Marcel Helfer

Entre deux autans ignoré, plastique Orpheus,
Le Grand Planificateur dessèche ses os.
Contraire à la perfection du juste Cosmos,
Il songe aux chercheurs d'antans qui sont revenus.

Noctifer , Le porteur de nuit

Eternel, il croit voir, cervelle au groin sans yeux,
L'espace planétaire où le chaos fait loi,
Comme un mauvais oiseau qui sort d'un arbre creux.
La Réflexion s'interroge à savoir pourquoi

Sa tête n'est pas inversée, or qu'il se meurt
Depuis si longtemps que jamais sa vie ne fut.
C'est une étrangeté curieuse où le docteur
Qui le prit, fixant trop son cliché, s'est perdu ;

L'analyste méticuleux regarde encor.
Voyons le contenu de ce crâne en détail :
Il doit appartenir à quelque alligator
D'une espèce inconnue. La cavité d'émail

Que son haut front protège au fil des millénaires ?
Semble un peu incurvée à l'endroit du cortex.
-Un animal spirituel !- Les visionnaires
Poursuivront l'examen. Comme enduits de latex

Suinté du tronc sont gravés les stigmates d'une
Civilisation, sur ce masque décati,
Dont plus tard découvrira, derrière une dune,
Quelque autre humanité le dédale enfoui.

Noctifer , Le porteur de nuit

CXCVI. Des élans du cœur

L'esprit est le squelette inassouvi de l'âme.
Et cette chair l'enveloppe au seuil de l'abîme,
Sensible arrête ailée de crochets qu'elle trame
Où l'Imagination à cet écueil s'arrime,

Extrapolant dans l'azur son rêve empirique.
Quand, maudissant le ballet macabre du monde,
Le danseur entrevoit une alcôve extatique,
Il s'éclipse humblement de cette fête immonde.

Et il sent s'élever son essence enthousiaste
Comme un cœur immatériel dont le désir chaste
Aspire à quitter sa cage, insolent Phénix,

Ou pareil au voilier qui bondit sur le vent
Parmi les blondeurs tourbillonnantes du Styx,
Or qu'il part, chaviré, dans le soleil couchant.

CXCVII. Nostalgie de la Lune

Dans une clairière où parfois les soirs d'été,
Parmi le frais murmure au cristal scintillant
D'une fontaine au sanglot grelottant, troublé
Par les rayons de la Lune, tourbillonnant,

Noctifer , Le porteur de nuit

Venaient, comme un effluve insinué dans l'air
Qui nage sur les fleurs, les Elfes parfumés !
La nymphe effleure sa harpe en un frisson clair
Et pleure en silence. Et les grands chênes charmés

Versent des flots de sève où filtre l'or des nuits
Comme des perles d'ambre, or que la nostalgie
Reflétée en tremblant de ses mornes ennuis
Mire, Norne oubliée, sa sylvestre élégie.

CXCVIII. Condensation

Songe d'écume,
O calme immense,
Où la mer danse,
Et se consume
La froideur dense
De ma conscience.

CXCIX. Dédoublement

Dans un jaillissement de paillettes d'airain,
Mon esprit se confond aux tempêtes vermeilles
Qui construisent son rêve ainsi que les abeilles
D'un rucher merveilleux, -gothique et souterrain.

Noctifer , Le porteur de nuit

Seul, il se promène à travers les alvéoles
D'une cité fantastique et parée d'étoiles,
Ulysse onirique ailé dont s'enflent les voiles.
Et, mon désir, élevé dans l'air, tu t'envoles

Parmi les piliers mouvants d'une voûte obscure.
Dans cette Babylone, huileuse surnature,
Cependant que l'instinct des sphères éternelles

Tel un sphinx papillonne inondé de lumière,
L'ornithorynque hideux aux blafardes prunelles
Cherche, sondant la nuit, quelque îlot de matière.

CC. Les Trois Rétrécissants

Vieilles barbes des rades d'Amsterdam

Au fond d'un vieux port hollandais, une lueur.
C'est un nuage vague où flotte un reflet d'or
Qui frémit en diffusant sa verdâtre ardeur.
Là-bas, un phare anxieux balaie la mer qui dort,

Et de ce charme embrumé danse telle une ombre
Découpée sur la grève obscurcie, péninsule
Des songes vaporeux aux chimères sans nombre,
La fumée odorante et chargée d'aspérule

Noctifer , Le porteur de nuit

Qui monte en ondulant dans la moiteur saumâtre.
Assis en rond, à l'écart, des lutins espiègles,
Ainsi que les spectateurs d'un petit théâtre,
Jouent à un jeu magique, ancestral, dont les règles

Echappent à nos regards. La balle enchantée
Scintille et saupoudre la bruine étincelante
De grains lumineux qui tintent, où reflétée
Cette féerie retombe sur l'eau tremblante.

Et du creux de leur barque, ainsi que dans un rêve,
Qui mouille au fond du vieux port hollandais, un chant
Etrange, nasillard et guttural s'élève
Comme une cornemuse estompée par le vent.

CCI. Remembrance

L'air embaumait de sauge et de fleur de noisette
La verte lueur de l'été
A travers le feuillage. Une pluie d'anisette
Ainsi qu'aux vapeurs du Léthé

Parmi la menthe aquatique absorbait le songe
Sylvestre de la nue étrange
Qui nageait dessus la mousse ainsi qu'une oronge
Ou tel un flot de cheveux d'ange.

Noctifer , Le porteur de nuit

Or, les longs lichens enroulaient leurs barbes blanches
Aux troncs des chênes ancestraux,
Comme une sève engluée ruisselant des branches.
Et ce canevas de vitraux

Diffusait une fantastique opalescence
Sur le reflet bleuté des bois
Dans le ruisseau qui susurrait, âpre romance,
Les remembrances d'autrefois.

CCII. Madrigal symboliste

1.

Mélisande éplorée induisait en caresse
Les pâleurs argentées, insidieusement,
De la belle Cassandre explorant les tristesses
Des enfers souterrains où vaguait son tourment.

Et l'expression calme, en ce blême épanchement,
De son regard changeant aux troublantes paresses,
Blafard d'un doute étrange, ardait timidement
Leur flamme inquiète aux verdeurs de ses chairs, princesse

Maleine confortée en d'aimables regrets,
Sereine ; et des désirs où les remords amers,
Clef souveraine aux abominables secrets,
De l'absence en écho s'engouffraient dans les airs

Noctifer , Le porteur de nuit

Ainsi qu'hors d'un caveau humide de ses larmes,
Dans la tour isolée d'un château où s'emmure,
Vertu mortifiée d'imputrescibles charmes,
Encor, malgré le Temps, son languissant murmure.

2. Vampirisme du Destin

Quand la petite princesse aux bras délicats,
Du cruel Hjalmar captive en un donjon,
Dans l'obscurité grouillante infestée de rats
Tâtonnant sur les murs glacés de sa prison,

Après des mois d'effort, fit jouer une brique,
La lueur éblouissante, éclaboussant l'air
Qui par la fissure inonda d'un flot mystique
Sa prunelle, aveuglée ainsi qu'en un éclair,

Remplit son pâle sein d'un spasme inextinguible.
Mais, la frêle beauté, sentant la meurtrière
Secrète, s'échina tant qu'il lui fut possible,
Et d'angoisse exaltée, elle fit choir la pierre,

Expirant un sanglot qui lui serra la gorge.
Hors du cachot, où déjà couraient les froments
Comme en un cimetière, à travers les champs d'orge
Traînaient ses longs cheveux blonds, lacets ondulants

Noctifer , Le porteur de nuit

Tressés par ses doigts fins sur l'écheveau des mois,
Ainsi que le stigmate, imprimé dans sa chair,
Des nuits d'incertitude aux morbides effrois,
Sur sa couche où le dais de l'Angoisse, ange clair,

Viendrait poser bientôt, comme un sylphe qui nage,
Imperceptible au milieu d'un rideau de soie,
Le baiser ruisselant de son ultime outrage
Sur le rouge afflux des pleurs derniers de sa proie.

Car le Destin fatal, ainsi que le fantasme,
Aime à tourner sa roue, par le jeu singulier
D'un mécanisme sadique, enfant du sarcasme,
Refrain de notre vie, cyclique vanité.

CCIII. Larves d'azur

Agathe nourrissait tel un espoir secret
Le jardin de soucis, où malgré lui perlait

Le désir de son sein sur ses beaux yeux d'agate.
Nonchalamment accoudée auprès de sa chatte,

Mainte odalisque humant les aimables parfums
Du jasmin d'Egypte, et de menthe aux frais embruns

Noctifer , Le porteur de nuit

D'une mer à l'écume d'azur velouté,
Versa des larmes discrètes de volupté.

Et la Sainte, aspirant à l'Eden que sa main
Déjà effleurait sur les pages du lutrin,

Souvent laissa fuir un soupir mélancolique !
Ainsi le Désespoir, vampire despotique,

Vient mordre au point du jour les enfants de la Nuit
Qui ont scruté bien tard l'obscurité sans bruit,

Voyant se tordre, aspics aux charmantes allures,
Les spectres vacillants de leurs vaines luxures.

Mais, priant le Kobold de leurs amours passées,
Quand ils pourront de leurs chimères écrasées

Contempler la dépouille aux tremblants sacrilèges,
Ils auront oublié les blêmes sortilèges

De leurs corps pourrissants abandonnés aux loups,
Evolués et puissants, parmi les remords doux

D'un songe continu de représentations,
Et connaîtront l'amour des Imaginations.

Noctifer , Le porteur de nuit

CCIV. Profondeur de l'Ennui

L'hésitation d'un instant parfois se confond
Aux certitudes volontaires
D'un ennui condensé d'agitation,
Stase amorphe des nuits amères

Où s'agrippent ainsi qu'un cortège macabre
Les idées pleines de blasphème
D'une nixe du Léthé, trempée de cinabre
Dans un marbre ondulé de crème.

Fleur d'une angoisse étrange, éclose de langueur,
L'Ennui n'est pas dans la durée :
Cette conception de l'esprit s'incarne dans la profondeur,
Morne, abyssale, éternisée.

CCV. Madone gothique

Comme irisée par le filtrat aux feux secrets
De la lune argentée à travers les vitraux,
Elle étincèle et varie son éclat de grès
Sous l'arc brisé d'une voûte aux bras sidéraux

Dont les croix élancées suggèrent l'Infini.
Et cet enchantement, dessus son socle obscur,
Semble porter sa chair immatérielle où luit
L'atmosphère nocturne ainsi qu'un esprit pur.

Noctifer , Le porteur de nuit

La toison minérale où flotte un voile épais,
Comme pour mieux tarir un sanglot pétrifié,
De sa soie de pierre, ondule dans la paix
De la nuit qui lui fait des larmes de pitié

Que les roses et les lys, fleurs de pureté,
Respirent en pleurant tel un parfum d'encens
Sur l'autel où la Coupe emplie d'éternité
Verse le rose supplicié du Sang des sangs.

CCVI. Effusion

Quand l'émotion, telle une source impétueuse,
Remplit une âme au-delà de sa contenance,
Et que bouillonne, en son alcôve ténébreuse
Des imaginations le geyser, qui s'élance,

Ainsi que d'un chaudron de vie sortent de l'ombre
Les sirènes noyées des souvenirs anciens,
Qui bondissent dans l'air bleuté de lueur sombre !
Les colonnes de gaz de temples sous-marins

Jaillissent et s'embrasent, feux-follets qu'azure
En explosant l'harmonie d'une architecture
Où l'ardeur des vieux jours se confond aux lumières

D'une rêverie d'ambre. Et les nues éphémères
Se mêlent aux splendeurs des formes éternelles
Dont vibrent en grondant les vapeurs solennelles.

Noctifer , Le porteur de nuit

CCVII. Le Crépuscule païen

Sinueusement,
Comme un brasier qui suinte,
Le rouge sarment
Du clocher triste pointe
Parmi les fumées
Des plaines embrumées.
Au milieu du village,
Il semble un mirage
Qui perce le ciel,
Couteau sacrificiel
Des temps révolus
Sous le linceul du soir
Qui tombe aux ardeurs
Du couchant, encensoir
Sur les aulnes pleureurs
Qu'il arrose et baptise ;
Graal où, rose exquise,
Le crépuscule en pleurs
D'extase agonise.

CCVIII. Ciel d'été

Tout imprégné de pourpre, or que l'éclair s'enfuit,
Quand la splendeur de l'immensité vespérale
Remplit de lourds sanglots mon cœur chargé d'ennui
Comme un caveau qu'habite une nuit sidérale,

Noctifer , Le porteur de nuit

Je songe à l'éternité d'un vide immuable.
Et cet éther sans fin, vaste ainsi que l'extase,
Qui comble mon esprit d'un frisson agréable,
Tel un volcan dans l'azur, palpite et s'embrase,

Emplissant mon sein transi d'un spasme ineffable.
Alors, je sens m'étreindre, ondes fleurdelisées,
Le nuage indistinct du silence insondable
Qui lâche enfin son voile obscur sur mes pensées.

CCIX. L'Ame des Villes

Les chercheurs d'oubli qui pataugent dans les rues
De la ville engluée de fange et de bitume,
Incertains et lassés par l'épaisseur des nues
Dont la promiscuité pèse comme une enclume

De goudron emplumé sur leur dos harassé,
Pour gonfler leur poitrail battent de l'aile en vain.
L'espoir boiteux s'en va tel un oiseau blessé
Sur le pavage enténébré du lendemain.

Mais tandis que la foule aux gloussements moqueurs
Chante l'hymne abruti de ses mornes rancœurs,
Un seul dieu veille à la basse-cour fantôme :

C'est l'Ennui, ce vil et sardonique mécène
De la cohue blafarde, insoucieuse et obscène ;
L'odieux Ennui qui ronge les ailes à l'homme !

Noctifer , Le porteur de nuit

CCX. Marrée spirituelle

Prompt tel l'apaisement d'un flot d'adrénaline,
L'amour s'estompe et meurt dans un cœur ténébreux,
Et s'amarre à la nuit des songes langoureux.
Ainsi que le chant évaporé d'une ondine,

Le chœur céleste sombre aux confins de l'oubli.
La vague chamarrée, hélas ! des passions,
Ce Hollandais Volant que l'aurore éblouit
Se morfond, enlisé parmi les floraisons

D'un marais écrasé d'un firmament d'airain.
Or, la blanche alchimie du Nombre mimétique
Se confond aux noirceurs d'un rêve souterrain
Où frémit le néant, creuset mathématique !

Mais l'écho singulier qui monte en palpitant,
Quand la Musique évoque, archange immatériel,
La mélancolie à ce spectre intemporel,
Un vent d'éternité l'envoûte, et l'enlaçant,

Le guide ainsi qu'un double émergé de l'abîme
Aux éthers d'une ivresse extatique et sublime
Qui guérit les ennuis de sa désillusion
Et porte son esprit charmé vers l'horizon.

Noctifer , Le porteur de nuit

CCXI. Dissolution de la Conscience

La furie insensée, ombragée par le blanc
Réseau, qui tramait son tissage d'araignée,
Des nocturnes pensées, sur le front ruisselant
De l'Amnésie perlait. Et l'urne condamnée

De l'Ironie stérile, asséchée par l'angoisse,
Secouait follement sa tête ainsi qu'un yale,
Ebouriffant le cauchemar mêlé de poisse,
Bizarrement, de sa crinière bestiale.

Alors le pont-levis des songes éternels
S'ouvrit, et résonnant de mystérieux appels,
Séduisit son âme. Et, ainsi qu'un éon pur,

Enfin, il pénétra dans les profondeurs denses
D'un éblouissement de sinople et d'azur,
Cascade extatique où se fondent les consciences.

CCXII. La Beauté joyeuse

Elle riait, riait, or qu'on voyait saillir
Sous la pulpe éclose de ses lèvres sanguines
Telles des pavots, deux adorables canines.
Frisson d'une rose épanouie de plaisir,

Noctifer , Le porteur de nuit

Dans ce tableau charmant comme le souvenir
Et amer comme le remord, adamantines
Se retroussaient encor les candeurs enfantines
D'une froideur majestueuse où vient mourir

Quelque aimable regret contrasté d'innocence
Dont perlent en secret les rosées, quintessence
Des voluptés tristes sur une chair diaphane.

Et ainsi qu'une statue qui soudain s'anime,
On eût dit le portrait vampirisé de Diane
Portant au lieu d'un arc le harpon de l'abîme.

CCXIII. Métamorphose

La Raison de l'Humanité ferme les yeux
Comme un rideau d'eau qui s'écarte doucement,
Et laisse apparaître entre ses courants furieux
Les voûtes diamantées d'un monde scintillant.

Le radeau de l'esprit, sous cette cataracte,
Découvre un lieu comme enclavé dans le cristal
Or qu'il chemine à travers la splendeur intacte
De ce sublime environnement minéral.

Il y luit une clarté vague et fantastique
Comme filtrée des murs en prismes encastrés,
Ou le spectre bleuté d'un nuage électrique.

Noctifer , Le porteur de nuit

Et pareil à l'ardeur des astres irisés
Qui pleut, transfigurée, à travers un vitrail,
Il s'abîme et renaît dans ce miroir d'émail.

CCXIV. Les Gardiens

Il est un panthéon qui contemple en secret
Les moindres actions de l'homme qui s'agite,
Stonehenge où vagabonde un frisson de termite
Dévorant la matière. O temple au morne attrait !

L'un des rongeurs dessine en rognant, les symboles
Etranges et sacrés d'une autre dimension
Où tout n'est qu'éternité, rêve et distorsion
Peuplée de larves aux monstrueuses idoles

Qui veillent dans le vide obscur, coiffées de mitres.
Dans une salle étoilée, devant leurs pupitres,
Ces dieux étrangers semblent un orchestre informe

Dessus les degrés d'un promontoire. Ils méditent,-
Ou dans l'immobilité de l'espace énorme,
Dansent-Ils au rythme des astres qui gravitent ?

Noctifer , Le porteur de nuit

CCXV. Souvenirs de l'Encéphalogramme

Hybride épouvantable, antérieur aux Ages,
D'un molosse amoureux d'une goule simiesque,
Où s'allient étrangement les doubles visages
D'une hérédité reptilienne et *grotesque*.

CCXVI. Sublimation de l'Existence

Nos sens parfois se mélangent et ne font qu'un.
Et ce nombre d'airain s'accroît à l'infini
Comme en une spirale au-delà de l'ennui,
Innocence retrouvée, sans désir aucun.

Le Serpent qui divise, Ange de la discorde,
Tel un ouroboros, soudain replie ses ailes
Et embrasse l'onde, enroulant ses anneaux frêles
Autour de l'Arbre-Monde. –Il vibre ainsi sa corde.

Vers le centre d'un cercle aux couleurs harmoniques
Déployant son aura, songe azuré, descendre
Où se confond l'âme ainsi qu'en un baiser tendre,

Entre un éclat de rire et des pleurs pathétiques
Chargés de parfums dont l'âcreté subtilise
Les caresses sans fin d'une éternelle emprise.

Noctifer , Le porteur de nuit

CCXVII. Assimilation

L'hydre nous mange et intériorise notre âme.
Dans sa gueule en fleur, poulpe immonde, l'être ivre entre
Parmi les algues molles au fond de son ventre
Comme un corps qui se baigne en un amer dictame.

Et de ce Gange abject, qui sombre au cœur des mers,
Notre ombre éjectée songe à d'immortels éthers.

CCXVIII. Révulsion

La Montre-bracelet

O Montre-bracelet, ô bijou satanique !
Cadran du temps qui passe, instrument de panique,

D'entre tous les joujoux cliquetants et hurlants
De la Modernité, infirmière aux gants blancs

Qui racle son scalpel, ô monstre arachnéen,
Je te hais plus que tout ! Dieu cyclopéen,

Qui fixes en claquant des dents ton œil avide,
Ainsi qu'en un bâillement glauque, sur le vide.

Noctifer , Le porteur de nuit

CCXIX. L'Illusion chronologique

Le Temps n'existe pas.
Et tout comme le Monde
Immense, en piste ronde,
Il roule sous nos pas.
Quelquefois, pleins de rage,
Au bord de la folie
Informe et sans nuage,
Face à l'onde infinie,
Ainsi qu'un naufragé
Qui erre sur son île,
Nous trouvons le Temps long.

Baignant l'éternité,
Tel un globe immobile,
Il flotte en suspension
Parmi l'éther bleuté.
Sur cette bulle instable,
Infime distorsion,
L'humaine perception,
Que son angoisse accable,
Ignore que pareil
A son luisant soleil,
Tel un noyau de cage
De Faraday voyage
D'un éclat éphémère,
Son rêve en un éclair,
Serein, puissant et clair,
Au centre de la sphère.

Noctifer , Le porteur de nuit

CCXX. Vae victis

L'équité d'un juge, un jour, parla en ces termes,
Equateur des vérités arides et fermes,
De ses espoirs oubliés perlant les paresses

Enchanteresses.

CCXXI. La Sphynge

Sur ses pattes repliées, chimère bâtarde,
Cachée dans la brume, elle chante étrangement,
Incomprise, ignorée, phare éclos du néant,
Et semble un dragon chinois qui monte la garde.

Tel un cri blanchâtre écumant sur la margelle,
La fontaine crache, éructe, explose et bouillonne.
C'est une gargouille efflanquée, une lionne,
Rugissant à travers ses canines où gèle

Un faisceau de stalactites entremêlées,
Dont le crin de Gorgone enlace en pluies bouclées
Les spirales enfumées de ce cyan d'opale.

Car dans sa gueule écartelée, sombre, reluit
Parmi les flots de sa chevelure animale,
Profond et mystérieux, le saphir de la Nuit.

Noctifer , Le porteur de nuit

CCXXII. Mysticisme

Longeant l'arc des sapins ruisselants, à la fonte
Des neiges, qui font des fleurs architecturales,
Sous les grands aqueducs d'ogives sculpturales,
J'entends une ballade évaporée qui monte

Et meurt en palpitant ainsi qu'un long murmure
Parmi les percussions d'une pluie torrentielle.
Et cependant que de ce temple vivant grêle
Le prisme adamantin du ciel, je me figure,

Or que le vent attise au loin un feu couvert
Comme sacralisé par cet ardent spectacle,
Un halo de braise où reluit le reflet vert
D'un Graal primitif au fond de ce tabernacle.

CCXXIII. Au bord de l'eau

Tandis qu'Hébé se dévêt de sa robe rose
Toute incrustée de lucioles opalescentes
Sur le duvet des reines des prés, juste éclose,
La féerie des bois bruit de rumeurs errantes.
La rivière en caracolant glousse un hoquet
Qui surprend mes pensées tel un fifre enfantin.
Quand, sous la charmille évaporée d'un bosquet,
J'entends percer le petit rire adamantin
D'un colin-maillard caché parmi les feuillages.
Et cette moquerie infantile et légère
Evoque en mon esprit des Elfs aux doux visages,
Des ondines, et tous les gnomes de la terre.

CCXXIV. La Musique des Neiges

La brise éternisée par le frimas s'allège.
Des gnomes armés de cors soufflent sur la neige

Gaillardement encor le même *ré do si*,
Qui tourbillonne à fleur du velours de décembre,
Et glisse sur la pente aride où, blonds aussi,
Se meuvent, entraînés par des giboulées d'ambre,

Des tourbillons sur l'air où s'enfle un vent brumeux.
Je vois parmi l'azur du ciel tumultueux

Noctifer , Le porteur de nuit

Se dérouler un songe ample et plein d'harmonie,
Frissonnant et poudreux parmi les tertres sages,
Qui chante à mon esprit comme une symphonie
Des incendies du froid dessus les monts sans âges.

CCXXV. L'Homme des Glaces

Sur un alpage verdoyant des Dolomites,
Aiguisant son arc, jodlant dans l'Aquilon
Parmi l'accord des sapins, frêles stalagmites,
Le chaman regarde en tremblant vers l'horizon.

Son frère le chamois galope à contre-pente,
Or qu'il murmure un chant vague et préhistorique.
Et cette mélopée s'élève, appel qu'évente,
Profond et guttural, le glacier prismatique.

Confinant le ciel au gouffre, à pic d'un rocher
Vertigineux, entre deux néants accroché,
Il marche en trébuchant vers son destin mythique

Par la falaise immense au rivage mystique
D'une nuée d'orage, où gronde en contrebas
Un songe troglodyte ainsi que le trépas.

CCXXVI. Mise en abyme

Quand, surgi de la nuit, quelque sphinx prophétique
Virevolte ainsi qu'évaporé du néant,
La vive impression d'un éclair pénétrant
Reconnaît dans le vide immense et chimérique

La correspondance où son regard mimétique
Traverse une ogive ornée dont l'autel béant
Ressemble à son esprit vaste tel l'océan.
Comme la pluie d'or d'un chatoiement alchimique,

Pareils à des cierges verts et scintillants,
Il voit cligner les yeux phosphorescents de maintes
Pensées inavouées, fugitives helminthes
Qui de son front ouvert volent en firmaments.

Et, dans ce temple aux étranges proportions,
Que dentellent des fleurs vermeilles et martyres,
Jumelles aux longs crocs d'un peuple de vampires,
Par son orbite affluent des franges d'alcyons.

CCXXVII. Les Digitales

Humblement prosternés, des tiges les calices
Charnels répandaient leurs odorants maléfices.

Noctifer , Le porteur de nuit

Pareilles à des entonnoirs, les digitales
Distillent un sang vert qu'abreuvent leurs pétales.

Or, les pistils tombés dans un frémissement
Parfumaient la pudeur de ce flétrissement

D'une ambroisie acide, onguent de la folie
Qui palpite au fond de leur corolle jolie

Dont le glas cristallin, danseur obnubilé,
Dans l'éclat irisé du serein condensé,

Verse comme un dictame à ces gracieux gants d'Elfe.
Et les petits cœurs violets boivent l'eau claire

Que mêlent les doigts astucieux de Gandelfe
Aux feux du soir qu'ils vaporisent sur la terre.

CCXXVIII. Mimétisme de l'Extase

Quand l'océan bleuté des souvenirs profonds
Imprègne de son crâne obscur les moindres pores,
Et déploie en pensées d'infimes madrépores
Qui forment dans le noir mille orgueilleux frontons,

Noctifer , Le porteur de nuit

Un chant majestueux, solennel et flûté
Retentit comme un crescendo de *Rienzi*
Dans la carcasse éblouie de l'Humanité.
Et ce rebec bancal soudain vibre et revit

Ainsi que le thyrse au ramage rédempteur
Du pape indulgent qui fit grâce à Tannhäuser.
Car l'écho noyé d'un paradis primitif

Dans le cœur habité d'un ardent romantisme,
Sirène aux yeux changeants, lance un appel plaintif
Qui l'enchante et révèle en lui son mimétisme.

CCXXIX. La Dame du Lac

Quand les vapeurs de l'étang montent dans le soir
Tout irisé de scintillements prismatiques,
Je me souviens, parmi les ombres fantastiques,
D'un vague enchantement qui semble se mouvoir.

Et baignant ses reflets, en onde magmatique,
Aux feux tremblants de l'aube, on croit apercevoir
Le halo d'une fée ainsi qu'un encensoir
Embraser la magie de ce temple mystique.

Les noirs piliers de la chênaie jusqu'à la nue
Soulèvent leur dais pour la nouvelle venue,
Or que des flots cristallins, trouble et frémissant,

Noctifer , Le porteur de nuit

Le doigt léger de Nimue, ô grâce ineffable !
Dans le lointain remue le nimbe effervescent
Où verdoie son voile oint sur ce limbe insondable.

CCXXX. L'Appel des Profondeurs

Au fond de la coque huilée qui grince et qui craque
D'un navire où jadis, éon subliminal,
Un autre respira des parfums de santal,
Il me sembla percevoir, comme un flot qui claque,

Le tintement grave, étouffé par la pression,
De quelque chaîne où sourdait l'harmonique étrange
Que distordait vaguement cette percussion,
Ballotée par la houle éplorée d'une fange

Fantasmagorique. Or cette musique ancienne
Berçait mon âme ainsi qu'en un rift sous-marin
Où j'aimais à contempler les splendeurs sans fin

Des mers qui semblaient une ambroisie aérienne,
Cependant que là-bas, dans son antre ogival,
Luisait l'œil d'un démiurge infinitésimal.

Noctifer , Le porteur de nuit

CCXXXI. Phantasme océanique

Un cauchemar béant qui mange l'être humain,
Et rejette sa peau
Ainsi qu'un oripeau
De son fantasme élastique, humant l'air marin
Des abîmes sans fin,
Bulle en dessous de l'eau.
Bulbe éclos des mers bleutées, le poulpe hideux nage
De plus en plus profondément vers le rivage,
Or qu'un mollusque éblouissant et psychopompe
De ses muscles d'or pompe,
En ondoyant, ses mille couleurs chatoyantes ;
Et de son souffle empli
D'étranges épouvantes
Explose en scintillant tout un monde englouti,
Qu'effervescent et clair
Les épaves rebruitent au fond de la mer.

CCXXXII. Une voix dans la Nuit

J'entendis certain soir une mélopée triste
Qui montait de la grève, où semblait de la mer,
Ainsi que psalmodiée par un moine bouddhiste,
La vague brève en rythme insinuer dans l'air

Noctifer , Le porteur de nuit

La langueur monotone de son idée fixe.
Et ce chant reprenait sans cesse, et régulier,
Recouvrait son écho en cavités prolixe.
Cependant aux répons du refrain singulier

Se mêlait le souvenir de cultes étranges
Qui résonnaient parmi les rochers menaçants
Que dessinait vaguement les lueurs oranges
Qu'au loin lançait un phare aux éclats persistants.

CCXXXIII. Reconnaissance

Quand s'épand la nuit sombre
Ainsi qu'un voile obscur et fantasmagorique
Aux mystères sans nombre,
L'air saturé d'électricité vampirique,

Insidieusement,
Insinue sa rêverie béante en mon âme.
Alors, phasme rampant,
L'Incertitude ennemie tricote sa trame

Au fond de mon cerveau,
Cependant que l'Angoisse, infâme et squelettique,
Abaisse l'écheveau
Du temps qui passe au gré de son peigne rythmique.

Noctifer , Le porteur de nuit

Mais au moment où ces chimères m'aperçoivent,
L'ombre emplie d'épouvantes
Tout à coup ressurgit, des choses qui ne *doivent*
Pas être trop conscientes !

CCXXXIV. Sonnets d'Espagne

1. L'Etoile verte

Ainsi que Séléné qui point parmi la gaze
Des nues évaporées ses fils de mousseline
En réseaux enlacés, s'ébruitait la phrase
D'une harpe argentée au lointain par la bruine

Où des spectres ondoyants semblaient s'insinuer.
Une étoile au sylvestre abord luisait tremblante,
Or que le rais de sa blondeur, échevelé
Epandait les faisceaux, batiste opalescente,

D'un songe verdoyant sur le blanc marécage.
Et ce mélange évanescent comme un mirage
Troublait étrangement ce tableau pittoresque

Où s'épanchait le sanglot vague et alchimique
De la brume du soir en subtile arabesque
Dont la moiteur formait un chaos chimérique.

Noctifer , Le porteur de nuit

2. La Danseuse de Flamenco

Sa robe aux longs pans vermeils pleins d'un songe noir
Tournoyait ainsi l'onde ensoleillée d'un soir

Sur la mer embrasée parmi des vents contraires.
Ecumant les regards charmés tel un serpent,
Son ardent nonchaloir inspirait le tourment.

Elle allait à petits pas quasi-militaires,
Et sa taille embrassée par un corset sévère
Chargeait en ondulant d'une narcose amère

Sa robe aux longs pans vermeils pleins de songes noirs
Tournoyant ainsi l'onde obscurcie des beaux soirs.

3. Sur le Balcon

La nuit tranquille, enfin ! –la nuit véritable,
Epandait son linceul sur la ville endormie,
Bien tard. Rapide et silencieuse ainsi qu'un diable
D'horloge astronomique, à une heure et demie.

Et cet or perlait sur les faubourgs de Salou,
Irisant de sa couleur artificielle
Le ciel encor chargé des chaleurs de l'air flou,
Quand la Catalunya du vieux temps se rappelle,

Noctifer , Le porteur de nuit

Qui tombe en scintillant sur les sables plombés.
Cependant ce mélange, héritage androgyne,
Evoquait vaguement des empires tombés,

Des rumeurs et quelque évanescence marine
Montée comme un souvenir des temples romains
Parmi la clameur barbare des lendemains.

4. La Vertu

Saint Michel terrassa la Bête au bec de flamme
Et devint un Archange. Ainsi, la chaste force
Inspirée par l'amour vainquit le mal infâme.
Siegfried, du Dragon victorieux, trempa son torse

Dans l'horreur absolue d'un sang vermeil et pur.
Aussi, lorsqu'emporté par la méditation,
Lançant un regard désespéré vers l'azur,
Quand l'humain voit dans l'humain son expiation,

Il sent que la souffrance est une épée sublime
Qui tourne dans son cœur une clef magnanime.
Alors, il se souvient de maint symbole ancien,

Au-delà de son raisonnement éphémère,
Dont la grave harmonie qui résonne en son sein
Enseigne à son esprit le respect du mystère.

Noctifer , Le porteur de nuit

5. La Chauve-souris

Un soir voluptueux, calme et mélancolique,
Avec l'air souverain des statues inviolées,
Se découvraient nord-est les montagnes voilées,
Pareilles à un sanctuaire gaélique.

Au loin, l'immensité d'un pic sérénissime
Révélait, ange de la nuit écartelé,
Là-bas, l'incroyable transport d'un vol sublime.
Grotesque Dracula ! cherchant dans la clarté

De la ville endormie quelque insecte géant,
Qui cause avec le crépuscule et le néant,
-Pose-toi sous la branche immaculée, démon

Qui bats tes pans solennels ainsi qu'un dragon,
De mes songes, vapeurs de caverne verdâtre
Où vont des desmodontidés dans l'air saumâtre.

6. Trois Grâces en une

« *Je fais souvent ce rêve étrange et pénétrant...* »
P. Verlaine

Je l'avais rencontrée dans un estaminet ;
Quelque Belge en vacance éclusait un *Chinchón*.
Planant sur le limon du soir, elle semblait
Un ange égaré dans ce lieu de perdition.

C'était l'Espagne ardente eu milieu du tapage
Glacial et enroué d'un silence âpre et morne.
L'année d'après, je vins –j'avais tourné la page
De mainte amourette-, or, ainsi qu'une licorne,

Elle agitait sa tête et riait follement
Parmi l'abîme ourlé qu'un soudain frôlement
Eveilla dans mon âme, ô merveille ineffable !

Quand vint telle une ombre des souvenirs passés,
Une nymphe éphémère, indicible, adorable !
Je ne la revis plus. Désillusions d'étés.

Noctifer , Le porteur de nuit

7. Le Cyclope vaporisé

Ou la Mort de Pan

La Raison est tel un feu d'artifice abscons,
Eclatant par milliers ses pensers florissants,
Qui pousse en nos cœurs fouillés l'art des illusions
Ainsi qu'une pensée aux efforts frissonnants

De ses rhizomes étoilés de toutes parts.
Quand cet orage aux confins d'un ailleurs s'étiole,
Semblable au cumulus nébuleux et épars,
Tout vaporisé, de son œil mainte luciole

S'enfuit d'un éclat trouble en ce brumeux *hors-là*
Tandis que son or suinte en larmes irisées,
Comme une fontaine aux gerbes évaporées

Dont le reflet approfondit sa souple aura,
Des flots vermeils où l'air recompose et déploie
Un cyclone où l'esprit, phœnix ardent, tournoie.

8. La Marche du Cauchemar

Les rêves – et le plus banal y participe-
Nous peignent, pareils aux caprices de la nue,
Maint paysage empirique et vain Pausilippe
Qui de son fard de braise empourpre notre vue.

Noctifer , Le porteur de nuit

Or, la raison au phare éteint du jour s'agrippe,
Cependant que l'étreint la vague continue
Dont le règne infernal et brumeux insinue
Son intussusception dans nos vies au principe.

Et les pans se déploient, théâtre éblouissant,
Du décor transfiguré de l'azur qui prend
Les vastes dimensions de l'éternité.

Mais lorsque la panique irrémédiable avance
Ainsi qu'un mécanisme, et avec vérité
Nous bloque en son carcan, le cauchemar commence.

9. Fructification

La cervelle humaine est semblable à une fleur
Qui frémit sur sa tige et pousse dans les airs,
Erigeant en l'infini des nuées d'éclairs,
Ses ramifications que nourrit la langueur.

C'est un vallon charnel qui s'abîme en un puits
D'où monte puissamment sa touffeur stomachique.
Tel un ballon mû d'électricité statique
Qui s'élève, il ballotte, et regorge des fruits,

Globuleux ainsi que ces algues en capsules
Qui flottent en buvant le vin des crépuscules
En grappes embrumées, de ses conceptions,

Noctifer , Le porteur de nuit

Qui s'enroulent parmi ces vapeurs émouvantes
Cependant que l'ardeur de ses déjections
Lance toujours plus haut ses gerbes éclatantes.

10. Les Ailes du Silence

Le ciel ténébreux nimbait de son rais violet
La crique endormie dans le calme évanescent
De la nuit où la mer clapotait vaguement.
Le tumulte assourdi des viveurs, que voilait

Le lointain grondement d'avalanches au large
S'abattant de montagnes d'écume invisibles,
N'était plus qu'un frisson de rumeurs insensibles.
Et cependant qu'éventé, ce murmure en marge

S'estompait dans le serein des monts taciturnes,
Le canevas sans fond des rêveries nocturnes
Déroulait sa voilure ainsi qu'un grand navire

Qui part vers des contrées vastes et insondables.
Quand soudain éclata le gigantesque rire
D'un nuage obscur d'engoulevents innombrables.

Noctifer , Le porteur de nuit

11. Le Ciel méditerranéen

Parmi l'immensité d'un azur sidéral,
Quand l'éther vaste et pur déploie sa chape claire
Et d'un mimétisme absolu emplit la terre
Que submerge un bleu parfait et fondamental,

Mon âme, étreinte ainsi qu'un fin vaisseau, embarque
Pour les voluptés d'une entière liberté.
Cependant qu'abreuvée de blancs rayons la Parque
Emplit mon sein oppressé par cette clarté,

Je perçois du Destin la frontière incertaine,
Entre l'extase et le morne attrait du Néant,
Pareil au chemin sans borne et poudré d'arène

Qui borde le Styx impénétrable et béant.
Alors, mon cœur dérive ainsi qu'un vieux radeau,
Cependant que mon corps se mire au fond de l'eau.

12. Rêverie d'enfance

Il est bien loin, hélas ! le temps de l'insouciance,
Où l'homme inaltéré par les vices modernes
S'enivrait des voluptés propres à l'enfance !
J'imagine un patio sombre empli de lanternes,

Noctifer , Le porteur de nuit

Ainsi qu'on voit briller parfois dans les tréfonds
De la calle enfumée des antiques tavernes,
Qu'une lueur verdâtre irise aux chaix profonds,
Labyrinthe enchâssé d'insondables citernes,

D'un dédale ocre et boisé de pans caverneux.
Alors, je vois s'ouvrir, huis dont les milieux
Font clore en ogive un cercle unique où s'enfoncent,

Ainsi qu'en un trompe-l'œil fantasmagorique,
Maints regards aventureux dont les plis se froncent
Comme pour surgir d'un entonnoir concentrique.

13. La Rambla

Suivant une longue allée, droit face à la mer,
Comme un chemin pavé tout de palmes fleuries
Où çà et là des fontaines vers le ciel clair
Lancent leurs gerbes d'or qui retombent en pluies

Sur des bassins bleutés comme un songe turquoise,
Je devine, or que mes yeux dans ce péristyle
Partent vers l'infini où le double se croise
De cette colonnade, un prisme ardent, une île

Unique où chaque élément rejoint son contraire.
Et devant ce contraste où se joue la lumière
Reflétée par le rythme irisé de l'ondée,

Noctifer , Le porteur de nuit

Mon esprit vague en des paradis primitifs,
Tandis que sa rêverie vaste et épurée
Vogue à travers un précipice aux blancs récifs.

CCXXXV. Chanson d'Auvergne

Fleur d'un cratère ancien dont le jaillissement
Pétrifié construit des clochers d'où, répandue,
La cité comme une pluie de cendres d'argent
Déploie sa dentelle au firmament suspendue,

Le Puy-en-Velay semble éclos des profondeurs
D'un ciboire émergé du centre de la Terre.
Parmi l'ébullition d'un chaos de vapeurs,
Ainsi que l'abîme éclatant d'un puits d'eau claire,

Le regard d'ogives au chant religieux
Erige un entonnoir de lave avec ses cernes
Qu'escaladent des meneaux grimpants vers les cieux.
Tourne le vent, les reflets verts de ses lanternes

Se balancent pareils à des falots jaunâtres
Dessus les rochers scintillants de cristaux bleus.
Et or que la nuit tombe en sa robe d'albâtres,
Traversée par un essaim noir et fabuleux,

Noctifer , Le porteur de nuit

Ainsi que des pensers obscurs vers un ailleurs,
Des chauves-souris dans l'aube écartent leurs ailes
Et tissent un canevas de fauves lueurs,
Perçant par la voûte enténébrée des ruelles.

Mais cependant que le plafond des rocs hirsutes
Lance un éclair puissant qui fait gronder la terre,
Un chant médiéval se mélange aux volutes
De ce clos minéral qui s'élève en prière.

CCXXXVI. Le Cœur scindé

Dans un cœur jeune et mûr vit un far-*folletto*
Qui scinde cette chair ainsi qu'une pastèque.
Nuit des recoins pulpeux de ce souple caveau,
La fuite des espoirs trouve un songe intrinsèque.

Cependant que le gnome englobé se délecte
Du muscle qui se creuse au gré du temps qui passe,
Son impatience croît avec un bruit d'insecte.
En sa chaire infâme, Amphitryon se prélasse

Et invite le monde à ce triste festin.
Mais au fond de ce fruit fermente au lieu de vin
La semence orangée de ce labour mental,

Noctifer , Le porteur de nuit

Où germe, fantasmagorique arborescence,
Ainsi qu'avortée de son carcan végétal,
La pensée, papillon bleu de la Connaissance.

CCXXXVII. La Mante jaune

Sa taille émaciée de guêpe aux galbes soyeux
Déployait tel un châle obnubilé, la bulle
Où se pose épuisé un vol de libellule,
Laissant voir à travers un crêpe ardent des yeux

Noirs et pleins d'amertume avec de longs cils bleus.
Et cependant que se courbait son corps ténu
Par un effort grêle et vrombissant soutenu,
Brûlant, se déroulait le remord venimeux,

Frisson fiévreux qu'elle insufflait à sa proie,
De sa robe enveloppante autour d'ailerons
Qui la faisaient ressembler soit à deux aiglons,
Tour à tour, soit au paon dont l'éventail déploie

Mille iris aux regards profonds comme l'extase.
L'ange infusait, ainsi que la liqueur vermeille
Qu'au milieu d'un bois Pan boit sous forme d'abeille,
Froidement son baiser mielleux trempé de gaze.

Noctifer , Le porteur de nuit

CCXXXVIII.

Quand un nimbe sulfureux et intemporel
Répand les feux de son halo surnaturel

Sur les sables sans fin qu'imprègne la nuit bleue,
Or que des reptiles ondule au loin la queue

Ainsi qu'à la surface étoilée d'un grand lac,
Il monte, vague écho des pierres de Carnac,

Un air de sitar des pyramides brumeuses.
Plein de visions étranges et majestueuses,

Le lyrisme excavescent en panégyrique,
Tel le mécanisme d'une boite à musique

Irrégulièrement par une main tremblante,
S'élève en le tourbillon de la nue vivante.

Et cependant, ce cliquetis né de l'Hadès
Charme mon âme ainsi qu'un serpent de Thalès,

Qui nage dans les eaux troublées de ma conscience
Et démultiplie son humaine arborescence.

Noctifer, Le porteur de nuit

CCXXXIX. Une média

Pâle, elle aimait l'ombre et craignait le demi-jour.
Elle avait toujours très-froid et fermait les portes ;
On eût dit qu'elle était malade, en quelque sorte.
Sa bouche mince et ferme écumait non d'amour,

Mais au matin blême, asséchée, sur le velours
Embrassait le sommeil gris des chandelles mortes.
Ainsi que le brouillard dessus l'automne où, forte,
Se ternit la rougeur envolée des atours

Passés, aux feux du soir, or qu'une fleur fanée
Laissait choir un pétale, un autour prit aux nues
Evaporées l'or d'une larme trépassée,
Comme autour d'un aimant les âmes éperdues.

CCXL. L'Etre et le Néant

Sur un magma de ténèbres, l'essence intime
De l'homme est un temple obnubilé par l'espoir.
Enigmatique, il arbore en vain dans le noir
Le falot nébuleux de l'existence infime.

Un voile au contour indistinct semble amortir
La chute abyssale où s'abîme, engloutie, cette
Epave dont le parachute éclot au faîte,
Or, en mille éblouissements dans le Nadir.

Noctifer , Le porteur de nuit

Et ces pleurs de pierre éclatent à l'horizon,
Formant parmi l'azur maint orgueilleux piton,
Qui s'effondre et rejaillit sur son lit de cendre.

Cependant, le bloc monte et se durcit toujours
Comme un roc en fusion, avant de redescendre,
Noyé dans la confuse obscurité des jours.

CCXLI. Langueur

Pareille à la pensée sauvage au frimas née
Des plis du manteau sinueux de quelque idole,

Sa robe évasée, ourlant comme une corolle
Sur le frais satin d'une jambe, entortillée,

Reflétait la soie ondulée des abat-jour
Dessous lesquels frémit quelque impossible amour.

Et tous les soirs durant, en sa pose indolente,
L'ange allumait avec sa posture insolente

Le cœur d'éons égarés, léchés par sa flamme,
Ainsi que les néons où hurle un peuple ardent

De papillons brûlés par un mirage au flanc
Voluptueux de cette imposture emplie d'âme.

Noctifer , Le porteur de nuit

CCXLII. Viola tricolor

Humble et pâmée, ainsi qu'un papillon fragile,
Son petit cil battait, frêle, avec innocence.
Le parfum d'une fleur des bois à sa naissance
Ephémère, où s'émeut d'un vermillon gracile,

Aux tendresses d'un baiser amer et subtil,
La grâce immaculée. Un nuage d'encens
Voilait parfois ses yeux verts, qui ravit mes sens
Tel d'une ondine éclose aux cieux le vain babil.

Pareille à l'huile en fusion sur un lit de glaise,
Dans le globe étincelant de ses yeux de braise
Semblait reluire une rose où les clairs symboles

Du feu, de l'air, de l'eau, de la terre, en esprit
S'unissaient au-delà des sons et des paroles,
Que cette effusion troublait d'un ardent répit.

Noctifer, Le porteur de nuit

CCXLIII. Splendeurs du Monde antique

Ecumes

1. L'Eveil

Majestueux et fort, ainsi qu'un grand dragon
Qui lentement émerge en son antre de braise,
L'astre souverain lance un sinueux rayon
Dont l'éclat prismatique en rougeoyant s'apaise.

C'est une gueule abyssale, une ogive en elle,
Irisant les vapeurs d'un magma dont l'œil gonfle
Or qu'un démiurge à fleur de son ventre enfle et ronfle.
Mandala vermeil que sertit une margelle,

Le soleil sort de son puits sur de clairs bassins
Où se joue comme en un miroir ému des cieux
L'azur qui frissonne et coule un songe radieux.
Et cependant que jaillit des éthers sereins

Un cortège blafard, qui roule en ondulant,
De volutes nacrées aux flammes du cratère,
Résonne ardemment des profondeurs de la Terre
L'écho d'un chant sacré qui gronde au firmament,

Versant sa terreur parmi la cité dessus
Les temples orgueilleux, les rues effervescentes,
Fleurs des voluptés de la Vallée de l'Indus,
Que sculptent vers le ciel ces nues opalescentes.

Noctifer , Le porteur de nuit

2. Les Nuits orientales

Nubiennes, enfants d'Egypte, apportez la bière !
Que l'amour, pleur de gaité, coule à flots des jattes,
Et comble ainsi qu'un peuple inassouvi de chattes
Lesbiennes, cependant que le vivant mystère

Des pyramides s'élève, encor nos sens pleins
De chimères dont s'éveille en nos corps le rêve !
Hors ça, regardons l'Est, où le soleil se lève
Parmi l'immensité des célestes airains.

Et que l'ombre obscurcie des souvenirs brumeux
Monte à notre conscience et berce nos lésines
Jusqu'au bord d'un fleuve où les puissances divines
Jugeront de nos cœurs en d'immortels aveux.

3. Cristallisation

O complexion infinie de ces fleurs de sel,
Aux galeries éclose ainsi qu'un temple grec
Où danse à demi nue Vénus au sein de miel,
Or qu'altérée, la nue distille un marbre sec

Qui monte comme un arbre aux confins de l'azur !
Les monuments par milliers percent l'horizon
Tels des fûts singuliers qu'ennoblit le fronton
D'un ciel symbolique enivré d'un frisson pur !

Noctifer , Le porteur de nuit

Immense surnature aux mystères profanes,
Qui germes, scintillant, sous les robes diaphanes
Au firmament fleuries d'un impossible Olympe,
Vois, tandis que ton orgueil, impassible, grimpe,

Eclore la merveille inspirée par l'Envie,
Grappe mûre où vermeille explose hors du néant
L'impulsion ténébreuse où l'ardeur de la vie
Reverdit dans ces murs comme un nénuphar blanc.

4.

La brume arrosait d'un flot de sinople clair
Le souple embranchement des coraux frissonnants
Qu'écumait la mousse éclaboussée par les vents
Sur la mer rousse où miroitait l'or de l'éther,

Et cette chevelure hérissée rosoyait
Aux tendres éclaircies du couchant mordoré.
Cependant, chavirée par l'hydre amère, Hébé,
Heurt d'une traînée de cendre, au ciel s'irisait,

Perlant des pleurs dans la solennité funèbre
De ce volcan noir où, lumineux de ténèbre,
S'engouffrait l'astre écru, ennemi de la Nuit,
Parmi l'ondée dont clapotait l'argent terni.

Noctifer , Le porteur de nuit

5. L'Ile des Lotophages

Plongeons par les langueurs, où sombres dans l'oubli
Crépitent aux vapeurs des ces nuits lotophages
Les huiles de Djerba. Sur de grands marécages,
Bienheureux, là-bas, un peuple étrange vit,

Parmi les moiteurs d'une harmonie végétale
Qu'un Gange aux mille feux du crépuscule étoile.
Parfois, lorsque enténébrée, la mer se dévoile,
Et que s'émeut le chœur de l'ondée saturnale,

On distingue la lune à travers les embruns,
Or que dans le lointain des géants Lestrygons
Font ripaille en embrochant ainsi que des thons
Sur leurs épieux tranchants de petits crapauds bruns !

La foule enfle au gré de l'écume aux vains mensonges,
Les yeux écarquillés. Tandis qu'elle se presse,
Ce divin légume la nourrit de paresse
Et lui découvre, ambroisie fleurie de ses songes,

Maint portique éclatant parmi la brume rose,
Et mainte cité disparue dont l'ambre arrose
De mirages éblouissants le front blafard,
Que trouble en s'y plongeant l'éclair de son regard.-

Noctifer , Le porteur de nuit

Un frisson d'extase envahit les gerbes molles.
Autour, à perte de vue, dansent les lotus,
Ballottés pareils à des vases blancs dessus
L'horizon scintillant, parmi les herbes folles.

CCXLIV. Intussusception

Le ciel emplit la mer d'un rayon prismatique.
J'entends les clairs embruns, caressés par la vague,
Chantant les refrains brumeux d'un pêcheur qui drague
Parmi les piliers d'un lagon où le portique

Des songes éperdus s'ouvre grand à mes yeux.
Et, prêcheur de l'Abîme, écumant les abords
De ce temple ignoré dont bruissent les remords,
Surgis des profondeurs d'un ciel ténébreux,

Le chercheur d'inconnu s'engouffre au crépuscule
Dans l'azur matériel où, vivant, se bouscule
Tout un peuple assoiffé de chimères exsangues

Qui rampe et se confond parmi la fange obscure.
Mais ce métabolisme étrange éclot de langues
Dont l'estomac orange étreint sa géniture.

Noctifer , Le porteur de nuit

CCXLV. Le Démon de l'Absurde

Dans un bruissement lourd, vaste et photosensible,
Quand vient en ce monde ainsi qu'un ange écarlate
Révéler à nos yeux éblouis l'Indicible,
Le Prince des Eons, d'un rubis souple éclate

La vision troublée d'un Moineau qui roucoule,
Ridicule et sublime ! Et, gloussant, il s'apaise,
Cependant que la substance Humanité coule
Dans le gosier pulpeux du grand oiseau de braise.

CCXLVI. Bonheur sylvestre

Le sommeil déploie mainte contrée onirique
Où notre esprit se perd parmi la sylve glauque
De son périple inconscient. Dans mon crâne, rauque,
Résonne un appel. Cependant, l'Œuvre alchimique

S'opère, et bouillonne en ce creuset chimérique
Sous la houlette amie de cette fée marraine
Dont il découvre à demi, dans l'ombre incertaine
Des bois ancestraux, le symbole ésotérique.

Parmi leurs chapiteaux, or qu'une reine jaune
Le mène en bourdonnant sous des arcs végétaux,
Par ces vitraux diaphanes irradiés, trône
Cernunnos, le dieu branchu ! Les animaux

Noctifer , Le porteur de nuit

Sortent de leur tanière, enivrés par l'odeur
Que la rosée distille ainsi qu'un doux nectar
Sur les rameaux fleuris de ce temple en mon cœur,
Que, surnaturel, irise un éclat blafard.

CCXLVII. La Mort de Clarimonde

1.

Le ruisseau pâle écumait ainsi que la frange
En réseau d'opale écru sous la lune rousse,
Des nuages les fins rubans de cheveux d'ange,
Effilés parmi l'écran bleu de la nuit douce.

Et ce brouillard parfumé de mousse et d'oronges,
Blanchâtre en ondulant, semblait la pépinière
D'un village endormi peuplé de mornes songes.
Puis, le flot s'épandait au proche cimetière

Parmi le végétal enchevêtré des stèles,
Comme un serpent sans fin dont les boucles mortelles
Etreignaient ce mirage étrange et vampirique.

Car ce chaos que baignait un remugle immonde,
Epanché par la brume, empourprait à la ronde
Un caveau qu'irisait un courant tellurique.

Noctifer , Le porteur de nuit

2.

Etouffée par la soie de son coussin violet,
Pareil à la paupière endormie d'une goule,
Cependant que sa chevelure d'or s'enroule
Dessus le frais satin d'une gorge de lait,

On voit frémir un pieu, perçant ce corps si grêle,
A l'éclat faiblissant des rayons de la lune.
Ses larmes, vermillon, s'écoulent une à une,
Et or qu'un prêtre pieux à ce rythme martèle

La poitrine où palpite un sanglot sans chaleur,
Etreignant son linceul d'une main diaphane,
Le pauvre être grelotte en perdant sa couleur.
Au calvaire empalée d'un sacrement profane,

Ainsi qu'un papillon agrafé sur sa planche,
La petite amoureuse agonise en tremblant.
Et pourtant ! que de grâce obscure en ce sein blanc
Où perle une toison dorée jusqu'à la hanche.

Son fin cil bat de l'aile, et tandis qu'elle expire,
Renaissant aux cieux des peines rituelles,
Artisan consciencieux des voies spirituelles,
Le cruel Sérapion contemple la martyre,

Noctifer , Le porteur de nuit

En un rire infernal, de sa lubricité.
Cependant, le mignon visage, en un sommet
De splendeur angélique, humblement, se soumet,
Simple envol, au flétrissement de sa beauté.

CCXLVIII. Miséricorde

Reposoir de stalle

Du gothique, art plaintif, les flambants édifices,
Dans leurs lieux secrets au profane interdits,
Sous le feuillage adamantin des paradis
Nous montrent des griffons, des ogres et des lices
Qui peuplent les tréfonds noirs des cryptes obscures.
Parmi de roses forêts de grès prismatique
Sont cryptés maint symbole et signe ésotérique
Que contemple une faune aux grotesques figures.

Mais d'entre les gardiens du dogme séculier,
Ricanant au milieu des énigmes sacrées,
Comme surgi d'un rêve apparaît, singulier,
Un monstre de foire aux narines enroulées.

Noctifer , Le porteur de nuit

CCXLIX. L'Alchimiste

Au fond d'un réduit, à la lueur infernale
D'un four, arche blanchie, qu'il charge et qu'il attise,
Comme un nouveau-né qu'on emmaillote et qui râle,
Après mille calculs et savante analyse,

L'Alchimiste extrait le tubercule embrasé.
Un craquement se fait entendre. Un crissement
Sous la chair tendre agonise, encor écrasé
Par la fissure qui grésille en crépitant.

Du cocon végétal, tout fumant de verveine,
Le vieux rabougri semble extirper son image,
Or qu'un flot rouge et vivant envahit la veine
De ce fœtus boursouflé ! Noir pèlerinage,

Il fallut d'abord arracher du vil terreau,
D'entres ses rhizomes filandreux de phosphore,
Le bulbe à forme humaine ; au soir sur un tombeau,
Afin de nourrir au mieux la Mandragore,

Verser le sang putride à même un sol béni ;
Avant de mettre en bocal l'Abomination,
D'un linceul vampirique à ce nectar fleuri,
Pour l'amour lucratif de la Transmutation.

Noctifer , Le porteur de nuit

CCL. Acherontia atropos

Au crépuscule ardent de brume entrelacé,
Ainsi qu'en un hamac dérivant qui balance,
Où bercé par la tiédeur, mon esprit lassé
Embrasse l'Univers qui remplit sa conscience,

Mon œil plein d'un soleil de braise éclaboussé
Vers des toiles d'airain sombre avec innocence.
Et dessus ces lacs, où dans l'onde il est posé,
Le papillon vermeil de la Psyché s'élance

Parmi l'azur profond du Néant qui s'avance,
Tout de mirages prodigieux fleurdelisé.
Mais tandis qu'aux confins d'un ciel paralysé
Quelque ange immatériel traverse l'ombre immense

Tel un sphinx dans la nuit qui s'envole en silence,
Au milieu d'un nuage empli d'ambre étoilé
Précipité, l'homme expire avec violence,
Comme un Amour, dans ce miroir de vérité.

CCLI. Le Repos de la Raison

Emergé tard des sanctuaires du savoir,
Après de longues nuits consacrées à l'étude,
Quand l'exégète épuisé, pris d'incertitude,
Lance un regard plombé vers Dieu, plein d'espoir,

Noctifer , Le porteur de nuit

Vaste écran, se déploie l'aile d'un Ange Noir
Dont le souffle éteint balaie son cerveau. Prélude
D'un songe obsessionnel ainsi que l'habitude,
Devant ses yeux hagards, il pressent sans les voir

Les assauts bourdonnants d'un peuple de chimères
Comme un flot nébuleux de pensers éphémères.
Alors, le vent stérile et chargé d'air morbide

D'un grand suaire étreint le chercheur d'infini
Et le plonge en l'abysse inexploré du vide
Où son âme en tremblant se vautre dans l'oubli.

CCLII. La Reine de la Nuit

La Nature éblouie lève son linceul bleu
Où percent en scintillant des nuées d'étoiles
Parmi le songe ardent du crépuscule en feu.
L'Imagination future, hissant ses voiles,

Prend le large à travers un archipel vermeil.
Et ce noir virginal l'embrasse, Ange infernal,
D'un soupir maternel qui berce son sommeil,
Ce désir mortel ainsi que l'Espoir fatal !

Entends-tu le chant des sylphides enivrées
Charmant les vieux chênes dans la nuit parfumée ?

Noctifer , Le porteur de nuit

Le ruisseau murmure et le feuillage frissonne.
Un frimas langoureux parcourt le marécage,
Et jusques en mon cœur comme un tambour résonne.
Une belette approche, et son petit visage,

Soudain, semble animé d'un souris presque humain.
Ses yeux noirs où se mire un doux rayon de lune
Sont deux joyaux mignons que trouble, adamantin,
L'or d'un amour profond ainsi que la nuit brune.

Entends-tu le chant des sylphides enivrées
Charmant les vieux chênes dans la nuit parfumée ?

Son corps se transforme à mesure qu'elle avance,
Emu de mille gracieuses métamorphoses,
Fuyant le crépuscule ardent qui la devance
De sa nuance aussi subtile que les roses

Qui teintent l'horizon les beaux soirs de septembre.
Gracile, elle évolue, lorsqu'enfin son étreinte
Me ceint tel un voile obscur orné de grains d'ambre
Dont tinte au firmament mordoré la complainte.

Entends-tu le chant des sylphides enivrées
Charmant les vieux chênes dans la nuit parfumée ?

Noctifer , Le porteur de nuit

La pauvre fée se meurt, et or qu'elle vacille,
Se découvre de lait, avec un reflet mauve,
Sa gorge diaphane. Alors, dessous la charmille
Des bois orgueilleux qu'hantent de leurs vols des chauve-

Souris, s'ouvre une contrée profane, où mon rêve
Dessus ce sein voluptueux tombe en extase !
Le vent capricieux s'enfle et balbutie sans trêve,
Inspirant à mon cœur toujours la même phrase :

Entends-tu le chant des sylphides enivrées
Charmant les vieux chênes dans la nuit parfumée ?

Le long de sa joue pâle, arrosée par la bruine,
Scintille une larme, et puis, perlant jusqu'au cou,
Se confond absorbée parmi la blanche hermine,
Comme dans sa chair d'un grain de beauté le clou.

Et sa chevelure à l'odeur d'herbe mouillée
M'enveloppe ainsi qu'un châle ample et envoûtant
Où ma jouissance en fureur se roule, abreuvée,
Et s'envole pâmée à travers le néant.
Entends-tu le chant des sylphides enivrées
Charmant les vieux chênes dans la nuit parfumée ?

Entre ses seins, où pend un fin collier d'argent,
Battent les pans sans fin des portes de la Nuit !
Or, dans le prisme azuré d'un reflet changeant
Parmi le clair-obscur dont ce joyau reluit,

Noctifer , Le porteur de nuit

Tout espoir, pris, pénètre au fond d'un sanctuaire,
Comme entraîné dans un songe plein d'harmonie,
Et par cette fenêtre, en un palais de verre,
Plonge aux confins d'une évanescence infinie.

Entends-tu le chant des sylphides enivrées
Charmant les vieux chênes dans la nuit parfumée ?

Et cependant qu'il naît au monde du silence,
Irisé par les feux de ce gouffre insondable,
Pourfendant l'éther voluptueux, l'Oint s'élance ;
Embrasse enfin l'azur, délivrance ineffable !

D'un transport inouï qui foudroie sa conscience
Et le porte à l'empyrée d'un ciel ogival ;
Et, pareil au Phénix qui plane avec aisance,
Loin, s'élance, aspiré dans l'espace abyssal.

Entends-tu le chant des sylphides enivrées
Charmant les vieux chênes dans la nuit parfumée ?

Seul, à l'orée du bois enténébré, le Barde ;
Sous l'arc nimbé de brume où pleut, encens des druides,
Quand vient l'Aurore illuminée, l'Aube en pleurs ; tarde
Saoulé par le nectar des floraisons humides.

Noctifer , Le porteur de nuit

Et il lève ses yeux vers la Nuit qui s'en va,
Cependant qu'absorbé par ce spectacle immense,
Il fond dans ce réceptacle ardent son aura,
Or que le linceul bleu des nues blanches s'avance.

CCLIII. La Source merveilleuse

Mont-joie où scintille à la ronde
L'or de la lune vagabonde
Dont varie l'éclat vacillant
Comme un sylvestre diamant,
Songe en tremblant le monolithe
Au creux d'un bassin miroitant.
Le flot dans ce creuset s'ébruite
Ainsi qu'un sanglot palpitant
Du roc d'un chêne centenaire ;
L'eau chante sa complainte amère
Au pied de l'arbre séculaire,
Agrippé dessus sa margelle
Depuis des siècles en ruine,
Seule dans sa forme éternelle,
Ecoulée d'entre une racine
Telle Mélusine éplorée.

Noctifer , Le porteur de nuit

C'est une fontaine imprégnée
D'aspérule aux douces odeurs
Qu'un miel de menthe anisée
Embauma de mille douceurs,
Un soir que j'étais solitaire
Dessous la charmille abreuvée
Par cette ambroisie délétère.

CCLIV. Le Joueur de Destin

Le Temps, hélas !
A renversé la corne
De mon cœur las,
Comme un sablier morne
Qui forme un tas

D'ossements plats.
Sur ce tertre la Norne,
Comme un galet de rune,
Tourne la roue
De la Fortune
Où ma volonté joue.

Noctifer , Le porteur de nuit

CCLV. Chevaliers doubles

Or que la pleine lune arrosait de ses pleurs
La coupe immaculée du vallon scintillant
Rouge à son creux bordé de chèvrefeuille en fleurs,
Artus descendit de sa monture, et buvant

A la source où perlait, au fond de ce calice,
La rosée du crépuscule ainsi qu'un vin fort,
S'accomplissait dans l'ombre un ardent maléfice.
Et cependant qu'un ours, aux jardins de Klingsor

Se roulait dans leur verdure, ainsi qu'Equitan
En marche vers le Nord, et chevauchant son double,
Le roi Marc contemplait de son œil miroitant
L'éclat d'une fontaine à fleur d'un creuset trouble.

CCLVI. Evocation

Sous la voûte étoilée d'un ciel pur en hiver
Où les astres tremblants tintent tels des grelots,
Quand parmi l'or des nues vaste, limpide et clair
Qui semble un voile obscur où percent des sanglots,

Ce réseau de cristal changeant comme l'éclair
Dont le mouvant reflet traverse le chaos,
L'œil d'un Amour s'émeut et propage dans l'air
La brume éplorée de ses mirages dévots.

Noctifer , Le porteur de nuit

Egrenez, ô Vertus, des chapelets de grains,
Contreforts de chapelle ardents des Walpurgis,
Aux Pans amers et sifflotants des boulingrins !
Et, Statues, parmi les arbres verts alanguis,

De pourpre en sanglotant, gloussez or quelque hommage
Comme une sève ardente aux pieds des vierges folles !
Puis, qu'un Ange tels d'une alcôve au blanc plumage
Nous verse les regrets éclos sous leurs coupoles.

Alors, les esprits que ces moiteurs soûleront
Ainsi que des pavots simplifiés de Degas
Parmi des flots de perles d'or se rouleront,
Consternés devant l'étendue de leurs dégâts,

Cependant que de ces odeurs, comme un poison,
Entre les pans d'un dais, bourdonnante toison,
Que la voûte étoilée du ciel obscurcira,
Une pluie de lait sur cette claie s'épandra.

CCLVII. Les Floraisons entre des carreaux de marbre noir

Dans un dédale obscur et pavé
Par les dalles d'un échiquier phosphorescent,
Réfléchis ainsi que le Léthé,
Où l'ombre évaporée en ses tréfonds descend,

Noctifer , Le porteur de nuit

Reproduits par les effets sans nombre,
Dans le gouffre béant des possibilités,
De ses reflets d'obsidienne sombre,
Le fleurdelisement meurt en d'amples clartés.

Et l'extatique exemple, électrisé d'éclairs,
Brillant pareil au fracas des fers
D'un destrier dont l'effort bruisse et crisse en vain

Retentit en mon for, loin du vacarme humain,
Parmi ce damier noir aux verdâtres lambrusques,
Comme l'ardeur de leurs passions brusques.

CCLVIII. La Nuit du Mal-voyant

La vie, c'est la souffrance, l'ennui et l'Ivresse-
Spirituelle pour les forts, artificielle
En certains cas. La Nuit nous porte, en sa paresse,
Mère ignorée, vers la Connaissance nouvelle,
Ambroisie verte. Or, cette utile enchanteresse,

Aspic né de l'anaconda qui nous étreint,
Verse à nos cœurs boursouflés, ondoyant reptile,
Du gouffre béant le souffle amer et éteint ;
Et sa douceur, l'aspect d'un chevalier gracile
Soufflant la lueur née des chandeliers d'étain.

Noctifer , Le porteur de nuit

Et ce serpent qui nous ravit et qui nous ment
Se pend à notre cou transi, vénalement,
Tandis qu'il entraîne en papillonnant les âmes,

Sans sermons, sans sacrifice hideux et sans blâmes,
Qui pépient un chant obscène et formidable,
Par les chemins obscurs de l'Amour véritable.

CCLIX. La Transmutation des Ames

Dessus chaque homme un sphinx ardent
Songe ainsi qu'un ange gardien,

Qui le redresse et le soutient
De son vaste envol triomphant.

Fleur d'une voile au pur halo,
Cerf-volant d'un preste bateau,

Il fend l'azur des océans
Ainsi que les catamarans.

Les ailes des anges là-bas,
Comme un tournoiement de tubas,

Noctifer, Le porteur de nuit

Résonnent leur air d'olifant
Dans l'air qui se trouble en vibrant.

Or ce démiurge éclos du rêve
Et alimenté par la sève,

Qui fermente au creux de son crâne
Et le contemple alors qu'il plane,

Lui dicte ainsi qu'un sûr Mentor
Ses actes d'un chaînon fatal,

Le guidant d'un sublime essor,
Par les contrées de l'Idéal.

Alors, l'invisible pirate,
Pareil au démon de Socrate,

Tourne et déploie ses chastes ailes,
Vermeilles dans l'air de la nuit,

Et vers les sphères éternelles
Porte le rêveur endormi.

Mais, quand par un soir vaporeux,
Les cœurs humains s'éveilleront,

Prêts à combattre, en d'autres lieux,
Les vainqueurs se révèleront.

Noctifer , Le porteur de nuit

Et tandis que s'élèveront
Vos cohortes vers l'empyrée,

Seigneur ! ô Dieu juste et fécond,
La Créature évaporée,

Forme enclose au cocon des pleurs,
Comme un ondin surgi des eaux,

Parmi d'ineffables douceurs
Plongera vers des cieux nouveaux.

CCLX. Sympathies de l'Au-delà

Les Sages anciens, le Druide et l'Aède
Connaissaient une île, au-delà du monde
Visible à laquelle encor on accède
Par le portique ébloui, qu'orée blonde,

Forment deux monts, immatériels piliers
D'un dolmen grandiose et majestueux.
Dans la brume, ô présages singuliers !
La cité merveilleuse aux mille feux

D'un prisme ardent balance ses pommiers
Tels les soleils d'un jardin fabuleux.
Parmi cette arche à travers des paliers,
L'âme escalade en un mirage heureux,

Noctifer , Le porteur de nuit

Palais des Hespérides où se dresse
Ainsi qu'un dôme de cristal dans l'onde,
Les degrés polis d'une forteresse
Dont s'embrasent à la lueur profonde

-Vaste et profonde tel un œil d'argent,
Où se mire l'envers de nos prunelles
Et son globe étincèle, évanescent-
D'un crépuscule irisé les tourelles

Coiffées d'une forêt de clochetons,
Pareils à des couronnes de rubis
Vermeils hérissant d'orgueilleux frontons
Par des fûts de colonnes ennoblis.

Alors, le regard du Voyant pénètre
Dans un labyrinthe empli de miroirs
Où l'Etre éthéré contemple son être
Dont l'impureté se perd dans les noirs

Tréfonds des contrées vertes de l'oubli.
Et sous les plafonds en ogive ouverts
D'un sanctuaire dont la nef ravit
Tous ses sens vers des temples sous les mers,

De la matière et du vivant les types
Trouvent par leurs détours la solution,
Alliant l'unicité de leurs principes,
Dans l'éternel à leur contradiction.

Noctifer , Le porteur de nuit

CCLXI. Celui qui se pencha

Le guttural sanglot d'un vieux cœur ciselé
Par les profonds reflux d'un pluvieux lacrymoire,
Englouti par les flots du désir refoulé,
Songe en s'engourdissant à ses heures de gloire.

Le bateau ténébreux, sombrant au désespoir
Sous la voûte emplie de ses plaintes embrumées,
Aspire, ébloui d'ombre, au divin nonchaloir
Des radeaux ballotant par les houles nacrées

Parmi les verts piliers d'un songe arborescent !
Dans le nuage effervescent et familier
Où nage à contre cœur, amer comme le sang,
Le drame de son esprit fervent, tout entier,

Sombre à force d'éclore au fond de ce Léthé,
Dessus le ménisque énorme et phosphorescent,
Comme un lotus explosant de fécondité,
De quelque autre ondine, en plus, le trouble innocent.

CCLXII. Crépuscule magnétique

Le brouillard bleu sur le lac en automne
Par fins rubans transmettait, ainsi que les poudres
D'un sac qu'on bat et dont le ventre donne
Ses parfums généreux, son mouvement aux foudres

Noctifer , Le porteur de nuit

D'un orage terrestre. Et, feux-follets
Des souvenirs pleins d'amours incertaines,
Cette ardeur se mêlait aux blancs reflets
De voluptés éblouissantes et lointaines.

Mais les pleurs émanés par l'alchimie
Née des moiteurs luisaient, *fleurs arctiques*,
Comme à la force d'un aimant dont la magie
Concentrait un nuage aux vapeurs électriques

Sur l'onde qui semblait de vif-argent,
Tandis que le spectacle étincelant du soir
Dans l'explosion éclaboussait ardent
Les flots, comme un feu d'artifice en ce miroir.

Puis l'éclosion folâtre, ample et superbe,
Dans un mariage inerte où Séléné voyait
S'épanouir sa légèreté surprise en gerbe,
De ses purs sanglots mourait en grand jet.

Et les pluies de ces lames écoulées
Dans la froidure étoilée du ciel vespéral,
En prismes, de l'archal des giboulées,
Durcissait en formant un amas de cristal

Ainsi qu'un palais vaste et scintillant
Qu'érigeaient, subtils entrelacs de stalagmites,
Dans les dernières lueurs du couchant
Par un fin dôme de glace à l'œil interdites,

Noctifer , Le porteur de nuit

Les pâles épanchements de la Nuit
Pleurant, Dame du lac portée par son croissant,
Aux feux d'or du crépuscule ébloui
Par la profondeur veloutée du noir croissant

Où son regard ogival, mi-clos, s'engouffrait.
Car cependant que le magnétisme polaire
Dont le nébuleux réseau s'empourprait,
Efforts désespérés d'une éclipse lunaire,

Le canevas glacial, où tout entra,
Or que le vitrail du Néant se refermait,
Induisant un portail, tel un *yantra*
Reproduisant à l'infini son seuil parfait,

Où la succube, embrassée par les flots d'argent,
Pénétrait en majesté, dessus sa nacelle,
Par les reflets embrasée du soleil changeant,
Semblant succomber à sa morsure irréelle.

CCLXIII. Les Yeux de l'Innocence

Le Cosmos, dans les noirs tréfonds de son abîme,
Recèle aux abords obscurs d'un gouffre infini,
Orbe ardent, maint typhon nébuleux et sublime
Dont la couleur céleste explose dans la nuit.

Noctifer , Le porteur de nuit

L'écho lumineux disloque en l'espace immense
Son spectre ultime avec un reflet irréel,
Qui se répercute en l'éther et se condense,
Bleu, rouge et vert d'un artificier naturel,

Cependant qu'aux feux éteints d'une étoile morte
Des éclairs dans ce cœur sombre en silence tonnent.
Mais quelque espoir naissant vers l'ampleur la transporte,
Que ses filets ainsi que mon âme emprisonnent

Où ton prénom charmant, même, encor augmenta,
Que dans un roman cher Lilith jeune emprunta,
Déployant son emprise, un appel mystérieux
Dont le mouvant repli me parle de tes yeux.

CCLXIV. Le Désir de Sunium

Je voudrais bâtir un temple avec ma pensée,
Voluptueux, ample, éclatant ainsi que Sunium,
Où s'ébattant, qui claquent leurs queues dans l'ondée,
Comme à travers les parois d'un vaste aquarium,

Mes rêves rejoindraient le béant estuaire,
S'ouvrant sur l'océan, d'un saumâtre Léthé.
Or, dans ce toboggan, couloir de vérité,
Ma volonté coulerait telle une rivière ;

Noctifer , Le porteur de nuit

Et lançant dans le noir sa chanson d'harmonium,
Le violon bleuté du languissant *physeter*
Glisserait, bourdon des complaintes de Sunium,
Parmi l'harmonie fantastique de la mer.

CCLXV. Variation

Chaque âme humaine éclot suspendue par un fil
Qui relie aux astres ainsi qu'une auréole
Son œil spirituel et clos qui bat du cil.
Le vent sidéral, musicien céleste, frôle

Cette harpe argentée qui chante au firmament.
Et parmi l'envol des esprits élémentaires,
Un air mystique, originel et permanent
Dont l'unique harmonie s'élève jusqu'aux sphères

Varie des constellations d'un bois enchanté.
Babil qu'un dôme immense englobe et fait vibrer,
D'entre la confusion du sylvestre murmure

Circule alentour une rumeur fantastique,
Tandis que dans la nuit le concert sympathique
Des éthers se confond aux bruits de la Nature.

Noctifer , Le porteur de nuit

CCLXVI. Leprechaun

Au creux de la fourche racornie d'un vieux chêne,
Or qu'une vapeur glauque abonde de sa souche,
Un petit être rabougri, qui semble en peine,
Joue de son violon avec un regard louche.

Le lutin mélancolique aspire à grands traits
Les bouffées de sa pipe aux parfums d'aspérule
Qui diffusent en l'air embrumé des secrets
Qu'au dehors cependant une chouette ivre hulule.

Et du clou qui tel d'un fer à cheval dépasse
D'une chaussure oubliée sur son établi,
Un fil poussiéreux chante le temps qui passe
Comme une élégie muette au souffle affaibli

Qui martèle son nom sur la forêt pluvieuse.
Ce gnome rageur qui murmure et grogne en vain
Par les lointains détours d'une orée ténébreuse
Dans les tréfonds obscurs de son noir souterrain

Or qu'il se cogne aux murs d'un dédale fangeux,
C'est l'orifice ouvert des songes merveilleux
Où se promène estompé le panégyrique
D'un dieu cornu qui se retourne et fait la nique.

Noctifer, Le porteur de nuit

CCLXVII. La Boule de cristal

Les destinées sont comme un orage statique
Qu'emprisonne une cage autour d'un centre unique.

Ainsi que des éclairs qui souvent se rejoignent,
Les cordons d'argent de nos karmas dont s'éloignent

Les cheveux violets tel un réseau dans un prisme,
Dans leur chas de cristal, par quelque magnétisme,

Dévient avec une apparence aléatoire
De leur faisceau l'imprévisible trajectoire.

Et parfois ces rais sinueux en grésillant
Se rencontrent avec un éclat fracassant

Dont le choc à travers le néant étincèle.
Alors se meut chargée d'une énergie nouvelle

La palingénésie d'une âme singulière
Qui brise son carcan comme un château de verre.

Noctifer , Le porteur de nuit

CCLXVIII. L'Emprise d'une fée

Le parfum d'une brise embaumée de couleurs
A jeté son emprise et bercé de douceurs
Mon âme où fume encor un encensoir timide.
Mais sa bouche a parlé, puis de ce sein humide
Ravivant dans la nuit le brasier sous la cendre,
A répandu le feu rosé d'un désir tendre.

Comme si son esprit traversait ma substance,
Le nuage m'a percé de son éloquence.
Pareil au flux immatériel d'une entité
Venue d'ailleurs, son souffle en mon cœur s'est posé.
Puis, tel un papillon, avec légèreté,
Elle a fui vers l'azur et au sol m'a laissé.

CCLXIX. A leur suite

Servans

Au dessus des montagnes usées par les temps,
Il est peut-être encor des ponts qu'on ne voit pas
Qui vont vers des cavernes dont plongent aux vents
Les ténébreux boyaux vers les mondes d'en bas.

Par des tunnels obscurs remplis d'étranges trappes,
Aux lueurs de lanternes, un courant d'air circule,
Et des parfums fleuris de brumeuses agapes
Le chant nasillard se répand au crépuscule

Noctifer , Le porteur de nuit

Parmi les stalactites des antres profonds
Jusqu'à l'orée des bois, envahis de mystère,
Où rodent des soupirs diffus et vagabonds
Entre les noirs habitants de la pépinière.

CCLXX. Echos lumineux

Qui ne veut se noyer dans ton œil de vipère,
O Splendeur, et sombrer au fleuve des Enfers,
Puis parmi ces rais subtils en cascade ouverts,
Ruisselant de sanglots telle une flotte amère,

Rejaillir des profondeurs de la Connaissance ?
Pareil à l'Archange honteux, ami des puissants,
Jouir de l'ardeur d'une nouvelle naissance,
Respirant au lointain le parfum de l'encens !

La volupté inspire une âme ténébreuse
Comme les *échos lumineux* qu'happe un trou noir.
Alors sa souple aura, chatoyante et radieuse,
Irradie le chaos de son vivant espoir.

Traversant, d'un bleu semblable aux flots de l'éther,
Le nuage ardent des rêveries éphémères
Dont l'or tamisé trouble ses yeux, vent des sphères-,
Couleurs d'une aube aux Saintes-Maries-de-la-Mer,

Noctifer , Le porteur de nuit

Le cœur tempétueux varie son souffle, tel erre
Le reflet mauve et vert de l'harmonie stellaire,
Dans une forêt blafarde aux arbres barbus,
Calvaires suggestifs d'explorateurs perdus,

Peuplée de répons diffus et blasphématoires
Qui se répondent furtivement dans le soir
Par des lueurs incertaines qu'on ne peut voir
Tissant l'air brumeux de leur voile aux pleurs des Moires.

Mais des témérités le suprême avatar,
Cru d'archals dont s'enorgueillira Perséphone,
Aux feux du couchant, emplira comme un nectar
Les éclats cristallins tombés de sa couronne.

Et ils récolteront, embrasés dans leur chute
Qu'imprégneront les moiteurs d'un soir pourpre et mûr,
Les diamants ténébreux de la Vérité brute,
Comme autant de joyaux reflétant le ciel pur.

CLXXI. Avant de s'endormir

Quand je ferme les yeux pour bien t'imaginer,
Mon âme hors de mon corps est prête à s'élever !

Et, sacrifice impie, de ton regard serein
La stalactite ainsi qu'un pieu tombe en mon sein.

Noctifer , Le porteur de nuit

Dans le vieux labyrinthe où l'errance éperdue
De ce spectre au fil de son ardeur s'est perdue,

Plein de dérision, le flambeau sans reflet
De la désillusion jette un éclat secret.

CCLXXII. Parfum d'éternité

En mon cœur ténébreux, Amour ouvre son aile
Ainsi que le vautour de Prométhée.

Et l'odeur de tes cheveux m'ensorcèle
Comme un philtre à la saveur amère. –Emportée

Par un élan impétueux, mon âme qu'elle
Elève aux cieux touchant à la nuée,

En l'arrachant à son coffre fidèle,
Avant de la laisser retomber, enchaînée,

Prend un vaste essor que soudain étrangle
La déception acérée comme une sangle.

Mais ce pavot de chair, affectueusement
Lance un regard de dévotion au firmament.

Et il croît dans la nuit de sa chère souffrance
Telle une rose immaculée, avec patience.

Noctifer , Le porteur de nuit

Saint Sébastien, je songe à vous parfois,
Lorsque longtemps jamais je ne La vois

Et que mon pauvre cœur est transpercé d'épines !
Tourmenté par tant de pensées divines,

J'aimerais la déposer au pas de sa porte,
Cette fleur dont le fruit pur déjà ma transporte,

Dessus un doux billet calligraphié :
« Un parfum d'éternité, pour toi, ma Zoé. »

CCLXXIII. Stratégie de l'Echec

Vulnerant omnes, ultima necat

Dans un cœur rempli par les flots de la Géhenne,
Espérance, ils brûleraient mille ans pour tarir
L'élévation sublime où te porte ta peine !
De ses inspirations, or qu'il sent l'envahir,

Ainsi qu'une mélopée vague et lancinante,
La musique gracieuse aux nobles embellies,
Il entend remonter, chœur d'une Muse absente,
L'appel du fleuve ardent de nos veines ourdies,

Noctifer , Le porteur de nuit

Qui gronde en un sein pur comme en un Phlégéton
Où se noie en crépitant l'homme et sa passion !
Et quand, par un miracle d'abomination,

Sur le rivage obscur de cet autre Léthé
Il se traîne à demi-mort, tout ensanglanté,
La terre abreuvée se souvient de sa beauté.

CCLXXIV. Syllogisme dualiste

Quand l'ennui confondu par les entrelacs bleus
D'une nuit nuageuse imagine à travers
Les célestes vapeurs, des marécages verts,
Des forêts inconnues et des arcs capricieux

Qu'il voit en un songe amer aux troubles mirages,
Tout à coup, nébuleux, surgit dans cette brume
Un monde fabuleux dont la magie s'allume.
Le Pygmalion du vide, or doublant les étages

De l'illusion s'enivre en contemplant ses peurs
Et boit dans l'ombre humide au reflet de ses pleurs.
Mais, tandis qu'il pénètre en ce temple insondable

Où monte le frisson d'une extase ineffable,
Le promeneur se brûle, et ramené sur terre
Par un klaxon qui hurle, il maudit la lumière.

Noctifer , Le porteur de nuit

CCLXXV. L'Ange traîné

Si longtemps par les rues l'homme erre solitaire,
Quelque Hermès ébouriffant son aile atrophiée
Ainsi qu'un vent fantomatique et délétère,
Il sent soudain l'envahir une étrange idée :

-Sous la voûte abreuvée aux émanations sombres
De mes pensers, ne suis-je pas extravagant
D'aller toute la nuit au milieu des décombres ?
Alors, il se détourne du monde arrogant

Et lance un dernier regard à la lune austère :
-Bientôt, pour mon extase, ô Dieu machiavélique !
Serai-je rayé de la face de la Terre ?

Mais Sélène, emplie d'un sourire énigmatique,
Lui répond en silence et songe avec douceur :
Que ne m'aimes-tu donc, esclave de mon cœur !

CCLXXVI. L'Autoportrait imaginé

Du feuillage ciselé dans un rêve où nage
Le reflet limpide et vivant de sa membrane,
Soudain émergée des palmes d'un vert diaphane,
Je vois une elfe évaporée hors d'un plumage

Noctifer , Le porteur de nuit

Hirsute dont l'éveil ébouriffe mes sens.
Et de ce feuillage bouffe ainsi qu'un cactus,
Ou quelque fantaisie née de fleurs de lotus,
Monument surgi d'un concerto de Saint-Saëns,

Coquette, elle déploie sa verve éblouissante.
Mais de son savant regard –comment l'oublierai-je !-
De son regard de feu, glacial comme la neige,
Elle absorbe d'en haut l'ardeur de l'épouvante.

CCLXXVII. L'Aube originelle

Sous un ciel vaporisé d'un beige opalin,
L'horizon s'est éteint. Du sentier solitaire,
Que gerce un givre étoilé d'azur, en déclin
Le soleil embrase d'un éclat éphémère

De ses derniers frimas la sylvestre bordure.
Encor ensommeillé, chaque taillis s'éveille,
Bercé par la mélancolie de la nature.
Et, or que de ce microcosme s'émerveille

Avec un murmure le frisson, d'un couchant
Pétrifié l'oblique sur sa lisse glaçure
Verse une ondée vermeille, où l'astre vacillant,
Dessus l'allée qui semble un fleuve étincelant,

Noctifer , Le porteur de nuit

Sombre tel d'un vase englouti l'ébullition
Parmi l'estuaire où cet airain en fusion
L'entraîne au-delà du mur de la perception,
Dans les profondeurs d'un abîme éblouissant.

CCLXXVIII. Le Rocher pensant

Sisyphe, or qu'il parlait en songe au Philosophe,
Lui dit d'un ton suggestif et plein d'ironie :
« Vois de l'Absurdité la palingénésie ! »-
Le tentateur maudit le Sage et l'apostrophe

Avec dans le regard une envie sarcastique.
Si fort que soit pourtant le désir de se taire,
Le ténébreux grondement d'un appel mystique
Retentit sourdement des tréfonds de la Terre ;

Si lourd, le fardeau pesant de la Vérité,
Sur son front luit le flambeau de la Volonté !
Eblouissant de nuit, son écho lui renvoie

Le mirage éclatant de la forme éternelle.
Le rêveur seul au firmament roule sa voie,
Parmi la nue énorme abîmant sa prunelle.

Noctifer , Le porteur de nuit

CCLXXIX. Ma Muse

O Muse sans pudeur et septentrionale,
Qui du contraste né sur ta peau marmorée
D'yeux pleins d'une candeur par mon âme adorée
Confonds le triste vert d'un flot mêlé d'opale

Sur l'épaule endormie du Poëte, abreuvée,
Je te veux aujourd'hui chanter une ode enfin.
Et par tes blancs cheveux si complexes, afin
D'y démêler l'or que la chatoyante ondée

Aura laissé trop tôt s'échouer sur la grève,
J'irai du peigne abhorré de l'obstination.
Du chaos nébuleux où règne l'illusion
Je lisserai si bien, m'échevelant sans trêve,

Où fleurira quelque nuit la moisson du glaive,
Les linéaments sur l'écheveau morne et lourd,
Qu'il glissera, méticuleux comme l'amour.
Et fleuri des jardins ondoyants de mon rêve,

Comme un fou qui laboure un champ qu'en plein hiver,
Buttant tel un damné sur le roc et la glace,
Le lutteur victorieux flétrit de sa carcasse,
Dessous les assauts méchants de mon soc de fer,

Noctifer , Le porteur de nuit

Qu'alors dans le sillon de la Nuit souveraine,
Ainsi que l'autel secret d'un temple futur
Qui s'ouvre sur les voies d'une Hydre souterraine,
Remonte, ô lys de lumière, un astre obscur.

Reflet d'un ciel mystique ainsi que la passion,
Déjà le calice ardent reçoit la rosée,
Dont plie la rose noire au cœur de sa pensée,
Tombée rythmiquement des flots de sa toison.

CCLXXX. L'Autre Monde

Quand le voyageur silencieux, les sens ouverts,
Traverse une forêt séculaire et brumeuse,
Il voit cet arc soudain dans l'ombre vaporeuse
Que l'on découvre au détour d'un sentier de cerfs,

Se déroulant par quelque sylvestre embrasure.
Parmi farfadets et fées aux ailes de bulles
Qui dansent ainsi qu'un envol de libellules,
Ses rêves oubliés partent pour l'aventure

Par des pays boisés où tout n'est que prodige !
L'Autre ébahi s'éveille en un monde enchanté,
Sous la voûte où scintille un palais constellé
De lucioles sous sa charmille, or que s'érige

Noctifer , Le porteur de nuit

D'un écrin de sinople aux arabesques d'or
Le calice ardent. Telle une corolle blonde
Qu'un secret envoûtement multiplie dans l'onde,
Filaments de dentelle où se déploient encor

Comme des liserons aux mille embranchements,
De ces lys odorants dont les étuves douces
Bercent la fleur suave au milieu de ces brousses,
Percent de grands chênes barbus et scintillants.

Alentour balbutie une rumeur étrange
Tandis que la forêt se meut et s'illumine.
Les buissons peuplés d'yeux verts, dont Mélusine
Répand sur son passage un sillon qu'il dérange,

S'animent tout à coup dans la nuit nimbée
D'un halo phosphorescent où l'air étincèle.
Un frisson parcourt le bocage qu'ensorcèle
Une explosion de feux-follets où la fée

Nage avec une grâce où viennent s'embraser
Des traînées de pollen aux parfums enivrants.
Là-bas, dans les profondeurs des chênaies, puissants,
Retentissent d'un chant de corne au ton cuivré

Les accords vibrants, fantastiques et lointains,
Or que dans les feuillages secoués qui battent,
Elfes, Salamandres et licornes s'ébattent,
Et que pointent vermeils des châteaux cristallins.

Noctifer , Le porteur de nuit

Mais alors, cependant que cette féerie
Resplendit d'entre les moiteurs de la clairière
Aux clartés de la lune irisée, tout derrière,
Eclot le Saint-Graal comme une source infinie.

CCLXXXI. Le Verbe

Lorsque nous aurons lu le dernier mot qui dort
Au milieu d'éons qui végètent au dehors,
En d'autres lieux, ascète extatique, alors,
Par le Souffle inspiré, recommencez encor.

Et dessus les océans, comme un génie sage
Qui flotte en tailleur, prismatique et singulier,
Ressuscité des flots du Styx, l'alcyon sans âge
Volera vers l'ailleurs d'un songe familier.

CCLXXXII. Ange de pierre

Tous les soirs, il était accoudé sur sa table,
Sous le ciel étoilé, -profond et scintillant.
La rosée emplissait la coupe inaltérable
De ce rêveur mélancolique et vacillant.

Noctifer , Le porteur de nuit

Comme un long serpent vert aux écailles dressées,
Sa couronne de lierre épandue par le front,
Il portait dans le dos deux ailes relevées.
Sur sa table de marbre, il y avait un nom.

Il priait afin de chasser des pensées sombres
Où l'extase affleurait, quand malgré ses efforts,
Hésitant, tel qu'un souffle emporté par les ombres,
L'infini d'un instant, il sortit de son corps.

CCLXXXIII. La Gargouille

Agrippée comme une chauve-souris surprise
Sous son arc de grès rose éploré de cristal,
Pétrifiée en sa pose, elle se gargarise
D'un son rauque au gargouillis morne et guttural.

La gargouille informe roucoule en éructant
Or que l'eau des pluies se déverse, éclaboussée,
Aux pavés bourbeux de la ville énorme, avant
De rejoindre au loin les fanges de la chaussée.

Mais parmi l'huile immonde où nage l'essence
Distillée de l'effervescente pestilence
Des cités d'aujourd'hui, minées par le Progrès,

La statue, vile et grimaçant au monde entier,
De sa stature ailée s'enlise en leurs lacets
Où l'art devient gouttière et l'homme utilité.

Noctifer , Le porteur de nuit

CCLXXXIV. Ma rose fanée

Je conserve en un vase ancien
Une rose fanée. Le soir,
D'un baiser sur son ostensoir,
Je respire en l'admirant bien

De cette momie parfumée
Les arômes évaporés.
Comme des cortèges fruités,
Dans ce solfège où quelque fée

Revit et reprend sa vigueur,
Des guirlandes de souvenirs
Font remonter un chant vainqueur

Où les larmes des avenirs
Se mélangent confusément
Aux froideurs du dessèchement.

CCLXXXV. Poëme tardif

La lumière ineffable a percé sous la voûte
Eclose d'espérance en son temple détruit ;
L'obscurité blafarde en mon sein s'est dissoute
Comme un jour incertain dissipé par la nuit.

Noctifer , Le porteur de nuit

Le Désespoir, vaincu, bat sa coulpe en déroute,
Et plein d'humilité, sans rancœur se déboute.
Du nonchaloir où j'ai vécu la porte enclose,
Dans un rayonnement, par son ogive explose.

Car j'ai vu resplendir, impossible beauté,
L'Adoration qui vint à bout de ma fierté !
Mais, tandis qu'impassible elle doutait encor,

J'entends passer sur moi l'ironie du remord.
Car, qui saurait retraduire avec vérité
L'*intelligence* accrue de notre unicité ?

CCLXXXVI. Attendrissement

Je suis pareil à ces hippocampes d'Ilion,
Qui par milliers, amicaux, vont voir les plongeurs
Parmi l'espace scintillant des profondeurs,
Et meurent soudain à la première émotion !

Avant de remonter, triste nuée de corps,
Les petits équidés, mignons et pleins de grâce,
Font un ballet aquatique, et plus d'un embrasse
Du bout de sa trompe aimable, en ces beaux décors,

Le curieux qui les trouble, et l'aime et l'accompagne.
Alors, vers la lumière ondoyante il regagne,
Porté par l'écume oublieuse aux plages claires,

Noctifer , Le porteur de nuit

La vaste éternité dont à peine affleurait
Ces myriades de consciences élémentaires
Dont s'éteint en un souffle indistinct le secret.

CCLXXXVII. Hymne à Nôréa

O ma folie, quand je contemple cette femme,
Il faudrait mille flots pour tarir ton ardeur !-
Les cinq sens sont de trop pour supporter l'ampleur
Du transport que ta présence insuffle à mon âme !

Le falot reluit de son extase emportée,
Et, dans ses coryphées, amplifie l'amertume
Des candeurs perdues telle une pluie désolée.
Mais, cependant que son feu varie dans la brume,

Mon désir d'éternité largue les amarres,
Suivant du clignement de tes chers yeux les phares ;
Vers une île inconnue, en pensées, je t'emmène
Au pays de mon amour où je te vois reine.

CCLXXXVIII. Réminiscence d'Ahasvérus

Vieux galion jadis inébranlable au voyage,
Fendant les horizons sereins d'un vert d'opale
Vers de lointains dangers, insouciant de l'orage,
Tu gémis et ta carcasse n'est plus qu'un râle !

Noctifer , Le porteur de nuit

Face aux assauts agités de l'humain tumulte,
Ta pensée nageait tel un temple indifférent.
A présent, ta coque craque ainsi qu'une insulte,
Et c'est à grand péril, que sous l'effort du vent

L'équipage affolé des espoirs anciens
Ecope ce cerveau rempli d'un vague amer
Qui ronge tout pareil aux vagues de la mer.

Mais par la tempête englouti, je me souviens
D'un rivage idéal où voguait, Terpsichore !
Ce Hollandais volant que sa Sentha ignore.

CCLXXXIX. Le Cri perdu

Bourdonnant aux abords du vide,
Mon brumeux soupir se morfond.
Mais vers toi, nébuleuse avide,
Mon âme aspire et se confond !

Et cette ivresse où je me noie
Dans la douceur des blonds méplats,
Qui me renverse et qui me broie,
De tes cheveux, où tu t'en vas,

Noctifer , Le porteur de nuit

O ma faiblesse houleuse encor,
Me fait croire en mon âme. O Mort !
Buvons le philtre narcotique

De nos pleurs en panégyrique,
Jusqu'où le chant se tait d'extase
Et le flambeau éteint s'écrase.

CCXC. Une larme

Dans une forêt de fleurs peuplée de murmures,
Où se condense un ruisseau gonflé de langueur
S'en va l'espoir qui danse sur les flots d'un pleur,
Condamné à l'exil des rêveries futures.
Abandonnée, la *chastelaine* de Vergy
Lance un regard timide et chaste au firmament.
Superbe et solitaire à perdre haleine, au vent
Elle inspire l'éther céleste de l'oubli.

Et je me souviens de notre euphorie première,
Quand ma poitrine est pleine d'un feu délétère !
Car l'Amour endormi qui s'enfle et qui se meurt

Dans l'origine inapaisée du souvenir
Aux sources de mes yeux ne saurait rejaillir
Qu'à l'effleurement de ton souffle sur mon cœur.

Noctifer , Le porteur de nuit

CCXCI. The Nightmare of a butterfly in a crystal dead-end
labyrinth

Prisonniers dans le Nombre infini de l'angoisse,
Nos esprits enfermés font des rêves charnels.
Mais à force qu'aux miroirs leur aile se froisse,
Les instincts amarrés aux schèmes matériels,

Quand les psychés perdues des mondes s'enfuiront
Loin des prismes tordus d'une clarté frivole,
Par l'arche, enfin ! perçant de l'Illumination,
Libérés, s'en iront où tout n'est que symbole !

Or, du bruissant corridor pavé d'amertume,
Le nombril vaporeux des mirages heureux
Entraînera la nymphe engloutie par les cieux

A travers les nuées de son tertre qui fume.
Et voguant à l'envers, ces pionniers du Néant
Se noieront en lui-même intérieurement.

Noctifer , Le porteur de nuit

CCXCII. Errances

Dans les eaux troublées de l'existence insondable,
L'arche de mes pensées part vers l'Eden promis.
Et elle accoste au bord de maint rocher aimable
Où des sirènes s'insinuent les chants amis.

L'élan de la passion, qui cherche sa contrée,
Frappe ainsi qu'une vague à la Porte d'airain,
Comme si toute espérance était emportée
Par les flots mugissants d'un torrent souterrain.

C'est une barque aspirée en quelque orbe obscur
Par un couloir béant qui s'écrase en un mur ;
L'appel du miroir qui se referme ; engloutis,

Les radeaux qui s'échouent happés par le roulis
Au semblable archipel des rêves éphémères,
Sur des sables mouvants, brumeuses atmosphères.

Noctifer , Le porteur de nuit

CCXCIII. L'Etincèle nostalgique

Sur le fond désuet de luxueux décors
Tout en boiseries lustrées, d'acanthes et d'ors,
Qu'ainsi qu'un menuet feutrent des pas discrets,
Où, pleins d'oisiveté, se meuvent leurs secrets
Dans la pénombre essoufflée des lustres, sans bruit,
Mon âme succombe à l'irrésistible ennui
Que lui insuffle la noirceur de ton absence.
Sa fugue à travers ces plafonds croisés s'élance
Et voudrait retrouver l'ampleur de son essence !
Comme une ardeur vaporisée perçant la nuit
D'un foudre illuminé au milieu des grands arbres,
Ou tel un feu de cheminée parmi les marbres
Dont la flamme inondée d'aigres pleurs s'amoindrit,
S'affermit sous l'effort du languissant espoir
Qui se meurt consterné dans son repli de cendre
Mon désir vaste et dévorant de te revoir
Que ravive parfois l'essor d'un soupir tendre.

CCXCIV. Symbiose

Ces langueurs s'égrenant ainsi qu'un torrent chaste
Parmi l'air estompé de morbides chaleurs
Dont le flot maigrelet remplit le sein, trop vaste,
D'un lys qui grelotte en d'invisibles moiteurs

Noctifer , Le porteur de nuit

Evoquent dans un corps les lignes épurées.
L'abondance où croît cette immatérielle flore,
Pampre spirituel aux vignes éthérées
Dont les arabesques s'enroulent, s'évapore

Voluptueusement. Vers les nues, enlacé,
En un réseau mouvant que ces pleurs subtilisent,
Le désir qui s'élance au vague entremêlé
De leurs spires d'argent qui se volatilisent

Construit un temple de myrte où, peuplé de roses,
Un songe aux rais de Myrto, qui se ramifie
Or qu'il résonne en variant ses métamorphoses,
Comme un remord céleste en grimpant s'amplifie.

CCXCV. Le Trépas

Par une nuit profonde engouffrant sa prunelle,
Le voyageur du Styx plonge un regard lucide.
Son œil fixe et noir semble imprégné par le vide.
Mais soudain vers l'abîme hagard qui l'ensorcèle,

Il découvre un royaume obscur où, mystérieuses,
L'appellent des voix au murmure familier.
Cependant que son esprit sombre tout entier,
Le poëte mystique joint ses mains pieuses

Noctifer , Le porteur de nuit

Et pénètre empli d'extase en l'ombre infinie.
Alors, une dernière fois, il se retourne
Où son corps transfiguré désormais séjourne,

Et dans l'éternité voluptueuse oublie
Jusqu'à son nom, son être et ses vaines passions,
Portant sa flamme ultime aux Représentations.

Noctifer , Le porteur de nuit

Vers l'Idéal

CCXCVI. Majesté de la Lune

Tout est indivisible amour et profusion
De sentiments profonds dans un vaste air d'azur.
Chaque objet se confond ainsi qu'en un flot pur
Où le multiple s'accomplit dans la fusion.

Et les soupirs qui montent du ciel à la terre
Forment un accord où la vague des passions,
Qui submerge mon cœur tel un vol d'alcyons,
Roule avec l'ampleur d'un grondement de tonnerre.

Songe d'un arbre aux infinis rameaux, Sélène,
Parée d'angéliques vertus, blanche sirène,
Semble une dryade au milieu d'un lac immense

Et baigné d'un extatique halo de lumière
Où retentit le chant glorieux de sa puissance
Parmi les piliers subtils d'un grand sanctuaire.

CCXCVII. Splendeurs du Vendredi

Dans les éthers les plus lointains de l'empyrée,
Seule au septentrion des monts sacrés, Freya,
Adorable Asyne en sa glorieuse aura,
Se roule en sa peau d'ours, triomphale et parée,

Noctifer, Le porteur de nuit

Ainsi que sous la neige un oisillon sans mère.
Et dans ses cheveux beiges où des quartzs ruissèlent,
Les étoiles de la nuit cosmique étincèlent
Avec la pureté du firmament polaire.

Des parfums généreux de sève et de genièvre
Emplissent le poumon d'une noble fièvre.
Mais, impassible en sa candeur de myosotis,

L'œil perdu dans l'azur, la déesse se pâme
Avec le flegme adolescent d'une autre Isis,
Tandis que l'on entend là-bas le cerf qui brame.

CCXCVIII. Unus Mundus

L'Eternel féminin, que l'on divinisa,
Par delà les chemins divisibles du monde
Matériel se lamente, invisible Anima
Dans la sphère embrasée de sa cage féconde

Qu'embrasse en liberté la colombe des nuits.
Fruit du supplice éclos comme un nectar vermeil
Ou la rose aux cinq pétales épanouis
D'une Isis englobée par les feux du soleil,

Cependant qu'une ondine au double tentacule
Veillait sur ce calice emporté par la houle
Dans l'aube verte et pourpre ainsi qu'un crépuscule,

Noctifer , Le porteur de nuit

D'une Vierge noire adorée par la foule
Au mistral du levant naquit l'esprit fait chair
Qui tient dans sa main l'eau, le feu, la terre et l'air.

CCXCIX. L'Ame du Gothique

Ogives du gothique,
O mystique profonde !
Mon âme vagabonde

En vos nefs, pathétique.
Aux ardeurs d'un soleil
Bleu sombre, ocre et vermeil,

Amère, elle frémit,
Comme par une nuit
La lueur des flambeaux

Qui peuplent les tréfonds
De vos tristes caveaux.
Mais des instincts profonds

Qui s'élèvent, grandioses,
Des souterrains vitraux
De longs couloirs moroses,

Noctifer , Le porteur de nuit

Je sens monter l'ampleur,
Parmi l'ordre indistinct
De ce songe incertain,
D'élans pleins de grandeur.

CCC. Kalê kagathê Zoé

« La beauté n'est que la
promesse du bonheur. »
Stendhal

Qu'il fut long à venir, le sommeil capricieux !
Des sylvestres tréfonds, la lyre familière
Avait tu son chant. Serein, comme une rivière,
Des sommets d'Eryx descendant, harmonieux,

J'entends monter, soudain, l'appel silencieux
D'une âme devenue aux passions étrangère !
Sous les vastes essors de l'Aigle du tonnerre,
Ganymède, incrédule, emporté par les cieux,

Cependant que son sein bat un rythme effréné,
Se compare au Phénix qui voudrait s'élever
Hors de son brasier vers de nouveaux horizons.

Zoé, tu es la vie que j'avais oubliée,
Et l'ardeur qui de tes yeux palpite embrasée
Transporte ma conscience aux nues des déraisons.

Noctifer , Le porteur de nuit

CCCI. Une Ange

Comme un navire égaré qui rejoint son port,
Je voudrais enfin m'échouer une nuit, tard,
Sur tes yeux évaporés d'or, et sans remord
Plonger, dans la seconde infinie d'un regard,

Aux confins d'une étreinte où finirait le monde.
Dans le lointain, l'éclat du chaos magmatique
Jetterait en tremblant la lueur vagabonde
De son flux altéré de splendeur éclectique

Sur le halo trop parfait pour un cœur mortel
De ta douceur. Car son charme est si puissant,
Que la douleur envahit le corps languissant

Du profane aveuglé ! Frappé comme en plein ciel,
Le courage orgueilleux ploie son aile brisée
Et vient s'agenouiller devant l'Ange irisée.

CCCII. Blütenstaub

Au milieu d'un clos de fleurs dont la moue charnue
Déploie en souriant son pampre au firmament
De leurs jupons mélodieux symétriquement,
Parmi des ballets d'ambre où mon âme éternue,

Noctifer , Le porteur de nuit

La corolle respire un soir clair et bleuté
Et injecte dans l'air, pompant avec effort,
Son pollen jaune ainsi qu'une fontaine d'or.
Dans ce nuage insaisissable et velouté,

Que semblent soulever des esprits invisibles,
Nage une harmonie vague et vont, indivisibles,
Des spires saupoudrant en toutes directions

Leurs spores sur la claie d'un mirage indistinct,
Avec le mouvement indécis de poissons
Aveugles que j'apprivoise au creux de ma main.

CCCIII. Aube mystique

Dans le soir violacé, d'Hébé la sœur jumelle
Clignant du cil s'émeut d'un sanglot cristallin
Et doucement vacille aux cieux où se mêle
Le pleur d'une clochette au murmure d'airain.

Le trouble retentit avec un frisson frêle
Qui de loin semble un air gracile et sibyllin ;
Et son chant altéré d'obscurité ruisselle
Ainsi que la rosée du soleil en déclin.

Noctifer , Le porteur de nuit

Tandis qu'aux feux d'un crépuscule où luit l'amour
Les Hélios enlacés de la Nuit et du Jour,
Femelle et mâle, écoutent l'harmonie des sphères

Dans un ballet distant et aristocratique,
Vénus contemple ces astres célibataires
Avec un rictus malicieux et prophétique.

CCCIV. Vénération

Son corps d'une pâleur translucide où saillaient
Presque imperceptiblement les sinueux réseaux,
Embranchement délicat, de ses fins vaisseaux
Restait de marbre. Et sa chevelure, où perlaient
Déjà les blancheurs du temps, à peine ourlait blonde,
Pareille à l'écume où le vent se cristallise.
Ses yeux, ses yeux, enfin, d'une innocence exquise,
Semblaient deux miroirs polis par la paix profonde

D'un sommeil contemplatif. Un voile ondulant
Effleurait son sein chaste, enflé d'une pudeur
Dont aucun fard vermeil ne troublait la froideur,
Cependant que le lisse contour de son flanc,

Ainsi qu'un jeune lys aux clartés de l'aurore
Où filtrent ses rayons plaintifs en fils d'opale,
Révélait dans le soir la santé minérale
Qu'illuminait l'éclat de sa chair incolore.

Noctifer , Le porteur de nuit

CCCV. Impression fugitive

Après la pluie parmi les herbes des pampas,
Semble ondoyer un peuple d'esprits éclatants
Que la brise au loin froisse ainsi que du damas
Où leurs yeux multiplient ces songes miroitants.

CCCVI. Mirage intemporel

Le désir de l'Infini, matière immobile,
Couve aux tréfonds de l'être, au milieu de l'espace,
Tel un feu prisonnier dans un château de glace.
Déployant ainsi qu'une expansion subtile

Le prisme approfondi par son œil intérieur,
La simple symétrie, perfection primitive,
Démultiplie ses arabesques de vapeur
Dont s'aplanit sereinement la perspective,

Interminablement, comme un yantra bouddhique.
Mais du centre incertain, fertile et magmatique
De cette fleur spirituelle emplie d'extase,

C'est la passion qui se meut et donne vie
A toute forme, et semble éclose au creux d'un Vase
D'où se répandra l'originelle harmonie.

Noctifer , Le porteur de nuit

CCCVII. Brise d'amour

Par des forêts de lys constellées de lucioles
Qui semblent des myriades d'esprits ondoyants,
Aux fumées de pollens qu'ainsi que de l'encens
Répandent les touffeurs en émoi de corolles

Où se meuvent tremblants ces éons parfumés,
Je veux t'emmener, ô mon âme, ô toi ma Vie !
Respirant à loisir d'une anémone amie
Les émanations, vers des mondes bleutés,

Enfin, Zoé, nous plongerons, entrelacés.
Et cependant que la végétale harmonie
Telle en un calice à nos pleurs se mêlera,
Je porterai aux cieux l'ardeur de ton aura.

CCCVIII. Après-midi d'extase

Allongé sur le pas d'une grotte marine,
Où fleurissent tels des cactus noirs les oursins,
Tendant leur bouche rose, ainsi que des broussins,
Ventouses éperdues parmi la mousseline

Noctifer , Le porteur de nuit

D'un tapis spongieux moutonnant beige en tresses
Entre des coussinets, à fleur d'eau mon corps baigne
En un songe radieux plein de vagues caresses.
La chanson monotone et bleue de la mer règne

Et la mouette étourdie s'enroue en baillant ;
L'Estérel perce d'or son coteau verdoyant,
Et mes yeux vers le ciel montent comme en prière !

Alors, je sens l'écume onduler à mes pieds
Que la tiédeur des flots blonds berce sur la pierre
Tel un vent doux qui part blanchir les oliviers.

CCCIX. La Cité des Nuages

Au zéphyr blafard d'un mirage intemporel
Tamisé par la brume évaporée d'une aube
Insondable en sa permanence, ordre irréel,
Le songe se déploie dans l'onde ainsi qu'un globe.

Je vois une cité grandiose et fantastique
Dont les spires se dressent orgueilleusement ;
Des tourelles irisées d'un spectre électrique
Où s'accrochent des nues d'or, paresseusement,

Noctifer , Le porteur de nuit

Qui scintillent sur cette orgie de perfection.
Alors, tandis qu'au loin, dans la blondeur sereine
Que nimbe l'art de quelque harmonie souveraine,
Planant dans l'air brouillé, le sublime Alcyon

Apporte en son bec un rameau cristallisé,
Se répand sur ses spores d'eau, fertilisé,
L'immense synergie de l'immobilité
Qui ploie soudain son arc éblouissant de clarté.

CCCX. Reverdie

Les idées qui remontent d'un cerveau plaintif
Sont semblables par leur essor contemplatif
Aux esprits qui se meuvent parmi la fumée
D'un reposoir d'encens dans la nuit, oubliée,

Un soir de pleine lune, ou lors d'un Walpurgis
Où quelque interstice ancien s'ouvre entre les mondes,
Baignant l'obscurité des fantaisies profondes !
J'aimerais parer ton corps de bluets, de lys,

Noctifer , Le porteur de nuit

De roses, d'aspérule et de fleurs d'oranger,
Afin de t'inspirer mes pensées, ma Zoé !
Et la Nuit insondable insufflerait le jour
Au petit myosotis flétri de mon amour.

CCCXI. Météore

Où l'équilibre règne en loi d'airain
Que perturbe parfois tel un frisson
Un chœur mélancolique à l'unisson,
Tout là-bas, loin des hurlements, serein,

Mon esprit libre enfin voudrait s'enfuir,
Et dans l'insigne harmonie d'un voyage
Aux confins de la Nuit, découvrir
Un horizon, langoureux paysage,

Vierge et immaculé pour son repos.
Puis, cependant qu'en l'espace insondable,
Comme en une Thulé de glace enclos,
Couchant son espérance inconsolable,
Il brûlera d'une clarté vivante
Aux chants des Anges qui bourdonneront,
Frémissant sa complainte vacillante,
Apaisement fusionnel, ô passion !

Noctifer , Le porteur de nuit

CCCXII. L'Union spirituelle

Nous nous retrouverons, baignés par l'air bleuté
D'un océan spirituel de volupté.
Et nous nous étreindrons ardemment d'âme à âme
Pareils à deux papillons autour d'une flamme,
Songeant aux amours brisées de nos corps de chair.
Nos désirs éthérés, semblables à l'éclair,
Nageront l'un vers l'autre, esprits purs et glorieux,
Portés par la passion qui pourfend les cieux !
Alors, librement, l'Androgyne originel,
Tout de lumière éblouissante auréolé,
Fleur d'un Nirvana d'azur sombre et velouté,
Embrassera les feux de son rêve éternel.

Sommaire

Noctifer , Le porteur de nuit

Noctifer , Le porteur de nuit

331

Noctifer , Le porteur de nuit

Noctifer , Le porteur de nuit

Noctifer , Le porteur de nuit

335

Noctifer , Le porteur de nuit

Noctifer , Le porteur de nuit

Du même auteur

Recueils de poésie :

Sépulcres

Ouroboros

Les Révélations d'Awalhdouateden

Méditations lyriques

Conte fantastique – poème en prose :

Idéal et Destinée

Calligramme :

Le Crochet

Autres recueils, textes inédits, les poèmes dans leur contexte, contact :

www.joelgissy-poesie.com

Noctifer , Le porteur de nuit

Noctifer , Le porteur de nuit